CRAFT BEER

✦ Das kleine Buch ✦

Inhaltsverzeichnis

GESCHICHTE DES CRAFT BEER

Die Brauereien drohten in den USA schon auszusterben, als ein bunter Haufen aus Enthusiasten und Investoren beschloss, eine ganze Branche wiederzubeleben und neu zu definieren.

Wie die Welt aufs Craft Beer kam

„Vor Christus", abgekürzt „v. Chr.", heißt auf Englisch „before Christ", abgekürzt B. C., was man auch als „Before Craft Beer" ausschreiben könnte, denn zumindest wenn man mit manchen Craft-Beer-Aficionados spricht, kann der Eindruck entstehen, dass vor dem Auftreten ihres geliebten Gerstensafts die Erde wüst und leer war und der Geist des Hopfens über den Wassern schwebte. Das Gegenteil ist richtig.

Die Sesshaftwerdung des Menschen, Ackerbau und Viehzucht, die Domestizierung von Tieren, all das fällt geschichtlich gesehen in dieselbe Periode, sodass einiges für die These spricht, dass nach dem ersten selbst gebackenen Brot auch der erste selbst gebraute Rausch kam. Das erste Haustier des Menschen mag der Hund gewesen sein, doch als Zweites folgte kurz darauf mit ziemlicher Sicherheit der Kater.

Ob die bewusstseinsverändernde Wirkung des Gerstensaftes eine zufällige Entdeckung war, ist nicht sicher, aber seitdem das Bier unter die Menschen gekommen ist, gibt es zu ihm drei mehr oder weniger extreme Ansichten. Die einen halten es für ein Kulturgut, die anderen für eine Geißel der Menschheit. Eine dritte Gruppe neigt zum Kompromiss und sieht im Bier das kleinere Übel.

Quer durch die ersten Zivilisationen bis hin zur Antike gibt es Zeugnisse, die auf die Bierproduktion verweisen und deren gesellschaftliche Stellung dokumentieren. Archäologen sind immer mal wieder aus dem Häuschen, wenn sie eine Keilschrifttafel entziffern können („Heißt das nun: Gilgamesch und Enkidu bestiegen einen Streitwagen und fuhren nach Hause. Oder: Gilgamesch und Enkidu machten gemeinsam einen Deckel?").

Eine Figurengruppe von Bierbrauern aus einer altägypischen Grabbeigabe (ca. 1990 v. Chr.)

Der erste große Aufschwung des Bieres kam im christianisierten Europa im Mittelalter. Die Klöster waren damals etwas, was man heute „Intelligenz-Cluster" nennen würde, Orte an denen das gesamte Wissen des Abendlandes gesammelt, aber eben auch das beste Bier gebraut wurde. Die Mönche waren lange die unbestrittenen Braumeister ihrer Zeit, bis sich hoch im Norden ein neuer Marktführer zu Wort meldete.

Die Hansestädte verdienten viel Geld mit Heringshandel, aber vermutlich noch mehr mit der maritimen Bierkutscherei. Für den Export des Gerstensafts war ihre Lage ideal. Auf den Britischen Inseln wurde noch vorwiegend hopfenfrei und in Heimarbeit gebraut, in Skandinavien gab es zum Glück nicht wie im Süden Weinberge, und im Osten betrat man mit dem Bier buchstäblich Neuland. Natürlich half auch, dass die deutschen Hopfenanbau-gebiete damals noch weiter nördlich lagen. Bald gelangten große

Hansestädte wie Hamburg und Bremen zu Reichtum und Ansehen, aber selbst kleinere Städte wie Wismar, das geografisch fast am Scheitelpunkt des Städtebunds lag, konnten prosperieren.

Der nächste große Einschnitt war nicht, wie heute vielfach angenommen, die Verkündung des Reinheitsgebots, sondern die Reformation. Martin Luther wird zwar in diversen Bierbüchern als Biertrinker geführt, was bestimmt auch keine Lüge ist, aber ebenso bemerkbar machte er sich als Prediger und Eiferer gegen den Gerstensaft. Gab es in den Kirchen vor der Reformation noch gemeinsame Besäufnisse – die gemeinhin als Messen bezeichnet wurden und wohl von der These ausgingen, dass, wenn alle gemeinsam becherten, doch wohl unmöglich von Sünde die Rede sein könnte –, hatten nun die Protestanten einen nüchternen Blick auf die Angelegenheit.

Trinken für den Wiederaufbau

Der Dreißigjährige Krieg verwüstete große Teile Deutschlands, und als die bayerischen Herrscher dahin gingen, ihre Heimat wieder aufzubauen, verfielen sie auf einen Trick, der im Rückblick gesehen so etwas wie die Grundsteinlegung des Bierlandes Bayern war: Der König führte die Biersteuer ein und begann mit den Einnahmen das Land zu sanieren. Natürlich mussten dafür seine Untertanen kräftig einschenken, aber angesichts der Schnapsleichen in den Spelunken an den Grenzen seines Reiches war für ihn das Bier eindeutig das kleinere Übel. Lieber mal einen Rausch ausschlafen als sich den Verstand und das Augenlicht wegbrennen.

Einige Jahrzehnte nach dem Reinheitsgebot wurde die Beschränkung auf Gerste aufgehoben und auch das Brauen aus Weizen gestattet, was ein Zeichen für wirtschaftlichen Erfolg war. Denn

Weizen war für das Brauen verboten, solange Brotgetreide knapp war. Dass nun die höherwertige Getreidesorte verwendet werden konnte, war ein eindeutiges Zeichen dafür, dass der Businessplan des bayerischen Königs aufging.

Im 18. und 19. Jahrhundert wurden die Grundlagen für das Brauereiwesen gelegt, so wie wir es heute kennen. Im Prinzip handelt es sich dabei um eine Jahrhunderte übergreifende Zusammenarbeit zwischen englischen und deutschen Brauern, die allerdings nicht immer ganz freiwillig ablief. Vor allem auf englischer Seite würde so mancher wohl auch heute noch von Industriespionage sprechen.

Die in England früh einsetzende industrielle Revolution ermöglichte es den englischen Brauern, ihre Fabriken – denn die brauchte es inzwischen – zu rationalisieren und technisieren. Der Ausstoß stieg auf auch heute noch beeindruckende Mengen. Als zu Beginn des 19. Jahrhunderts in der Horse Show Brewery in London ein Tank explodiert, treten über eine Million Liter *Porter* aus, bei dem Unglück ertrinken mehrere Menschen. Das klingt makaber, ist aber kein Scherz.

1842 vollzieht sich in Pilsen das, was der leider viel zu früh verstorbene Bierbotschafter Michael Rudolf den Pilsner Urknall nannte. Der Bayer Groll (manche Zeitgenossen sagten, sein Name sei alles andere als ein Zufall) braut das erste Pils – das erste Bier, das in Gläsern besser aussah als im Steinkrug. In der Folge rollen deutsche Brauer den Weltmarkt auf.

Sie übernehmen und verfeinern britische Produktionsmethoden, kombinieren sie mit ihrem untergärigen Produktionsverfahren, welches aufgrund der verbesserten Kältetechnik nun ganzjährig angewandt werden kann. Zum Glück für das deutsche Brauereiwesen waren die Innovatoren aus dieser Zeit nicht nur versierte Ingenieure, sondern auch clevere Marketingleute, die wussten, wo und wie sie für ihre Biere am besten Werbung machten. Das ganze heute etwas übertrieben wirkende Hoflieferantentum auf den Bieretiketten nahm in dieser Zeit seinen Anfang.

Amerika holt auf

Nachdem Präsident Roosevelt in den USA 1933 die Prohibition beendet hatte, war per Gesetz erst mal nur das Brauen von Bieren mit einem Alkoholgehalt von um die drei Prozent erlaubt. Das aus deutscher Sicht reichlich dünne Gebräu wurde trotzdem marktbeherrschend, und im letzten Drittel des letzten Jahrhunderts zeichnete sich ein kartelltechnisches Bild des Schreckens am Horizont ab. Es gab nur noch 44 Brauereien in den Vereinigten Staaten, und da das Sterben munter weiterging, konnte es nicht mehr lange dau-

Nach Aufhebung der Prohibition hatten Alkoholdealer alle Hände voll zu tun. Und so manche Verkäuferin fühlte sich wie eine Königin.

ern, bis es nur noch ein oder zwei Brauereien im Land geben würde, die mit Millionen Biertrinkern so hätten umspringen können,
wie es ihnen passte, weil es ja keine Konkurrenz mehr gab.

Den Impuls für die Gegenbewegung setzte Fritz Maytag, als
er 1965 die Anchor Brauerei in San Francisco kaufte. Der Mol-
kereibesitzer hatte nicht vor, mit dem Erwerb eine Bewegung zu
gründen oder gar eine Revolution auszulösen, es ging ihm einfach
darum, eine Biermarke vor dem Ruin zu retten, die er gern trank.
Doch in der Folge vertiefte er sich mehr und mehr in sein neues
Geschäftsfeld und begann großen Wert auf authentisch gebrautes
Bier zu legen.

Dass der Craft-Beer-Boom in den Vereinigten Staaten zu einer
landesweiten Bewegung wurde, war aber noch anderen glücklichen
Faktoren geschuldet. Ein Glücksfall war die Züchtung des *Cascade*-
Hopfens, der Anfang der 1970er-Jahre auf den Markt kam, ein
weiterer, dass Präsident Jimmy Carter das steuerfreie Heimbrauen
erlaubte. Der *Cascade*-Hopfen war weniger bitter als andere Sor-
ten, die bis dato in den USA angeboten wurden, und damit ergab
sich die Chance, in den Craft-Beer-Brauereien ein *India Pale Ale
(IPA)* zu brauen, das mehr reinhaute als die *Lager*-Biere der großen
Konkurrenten und dennoch besser schmeckte. Denn nur ein *India
Pale Ale* hatte Chancen, in die Phalanx der großen Konzerne ein-
zubrechen. Zum einen hatte das *IPA* schon aus Kolonialzeiten das
Image eines Gentlemen-Biers, und zum anderen war der größere
Alkoholgehalt natürlich auch ein Verkaufsargument für das (teure-
re) neue Bier.

Und dann gab es vermutlich noch einen anderen Grund, der
aber bislang in der Forschung sträflich übersehen wurde. Im Zuge
der Recherche für dieses Buch habe ich auch angelsächsische Bier-

literatur gewälzt, und zwar in einem Umfang, welcher den dieses schmalen Bändchens um ein Mehrfaches übersteigt. Dabei machte ich eine bemerkenswerte Entdeckung: Es überrascht nicht, dass die Bierautoren beiderseits des Großen Teichs viel über Bier wissen. Sie wissen auch eine ganze Menge über deutsches Bier. Sie haben nur ein Problem. Keiner von ihnen weiß, wie man „Bräu" schreibt. In amerikanischen und auch englischen Texten begegnet man den abenteuerlichsten Schreibweisen: bräü, braeü, sogar braëu war dabei. Und wenn man nicht weiß, wie man ein Bier schreiben soll, kann man es wohl kaum auf den Markt bringen.

In den 1970ern und den darauffolgenden Jahren gingen die Brauereien an den Start, die heute als Gründungsväter der Craft-Beer-Bewegung gelten: In Kalifornien wurden die New Albion Brewery und Sierra Nevada gegründet, in New York die Brooklyn Brewery. In den 1990er-Jahren wuchs der Craft-Beer-Boom von den Küsten ins Herzland bis nach Colorado. Die ersten Brauereien gingen an die Börse, und im neuen Jahrtausend kauften Großbrauereien einige der Emporkömmlinge auf. Was aber nicht so schlimm war, denn die Zahl der amerikanischen Brauereien war auf über 5000 gestiegen.

Craft Beer is coming home

In einer Art Selbstverpflichtung, die an die *Pledges* der amerikanischen Grundschüler denken lässt, erinnern sich die Craft-Beer-Brauereien noch immer daran, die Prinzipien, die sie groß gemacht haben, hochzuhalten. Die meisten Punkte sollte man für selbstverständlich halten (gute Zutaten, sorgfältig brauen), aber es geht ebenso darum, die Unabhängigkeit zu bewahren und nicht ins Bodenlose zu wachsen. Als oberstes Limit gilt ein jährlicher Ausstoß von neun Millionen Hektolitern. Wenn man diesen Maßstab auf Deutschland überträgt, dann würden hierzulande sogar einige „Fernsehbiere" in die Kategorie Craft Beer fallen. Was einer der Gründe dafür sein mag, weshalb Deutschland lange Zeit als Craft-Beer-Entwicklungsland galt.

2007 entwickelte Garrett Oliver, von der Brooklyn Brewery kommend, zusammen mit der Weißbierbrauerei Schneider die Hopfenweiße, welche gemeinhin zu den ersten Craft-Beer-Vorreitern hierzulande gezählt wird. Der Bonner Brauer Fritz Wülfing wollte 2010 das erste Bier mit der Bezeichnung Craft Beer auf den Markt bringen, doch Mitbewerber verhinderten eine Biersorte mit dem exklusiven Namen Craft Beer. Wülfings Bier heißt heute Ale-Mania. 2015 eröffnete Stone Brewing in Berlin ihre erste deutsche Brauerei. Die damit verbundene Publicity gab der Branche einen weiteren Schub. Seitdem schwoll die Craft-Beer-Welle auch hierzulande immer weiter an, obwohl kein Mensch genau sagen kann, wie viele Craft-Beer-Brauereien es derzeit in Deutschland gibt. An die 700 Mikro-Brauereien sollen es etwa sein, aber da auch viele *Gipsy Brewer* unterwegs sind, die sich gewissermaßen als wandernde Gastarbeiter verdingen, lässt diese Zahl keine genauen Rückschlüsse zu. Man geht landesweit von einigen Tausend Braumeister(innen) aus, aber auch diese Zahl ist keine verlässliche Größe, denn man muss kein Braumeister sein, um ein Craft Beer zu brauen.

Deutschland gilt gemeinhin als ein überreguliertes Land, mit Vorschriften für alles Mögliche, aber gerade was das Bierbrauen betrifft, gibt es überraschend wenige. Das hat nichts mit Nachlässigkeit vonseiten des Gesetzgebers zu tun, sondern liegt vor allem daran, dass das Getränk Bier ein sich wunderbar selbst regulierendes Produkt ist. Während es bei der Schwarzbrennerei von Spirituosen durchaus zu schweren Gesundheitsschäden kommen kann, bleibt man mit Bier auf der sicheren Seite. Wenn ein Bier schlecht ist, schmeckt es nicht. Wenn der Brauer zu faul ist, seine Tanks zu säubern (was nebenbei bemerkt ab einer bestimmten Größe eine ziemliche Schinderei ist), dann wird jeder, der noch recht bei Trost ist, die Lorke umgehend wieder ausspucken.

Das Einzige, was den Gesetzgeber beim Bier interessiert, ist die Steuer. Sie liegt derzeit bei 0,787 € je Grad Plato pro Hektoliter, mit denen die Stammwürze bemessen wird. (Die krumme Zahl lässt vermuten, dass die Steuer früher bei 1,50 DM gelegen haben muss.) Da aber die ersten Hektoliter steuerfrei sind, muss der angehende Brauer sich zwar beim Hauptzollamt anmelden, aber solange er unter der Marge bleibt, reicht es, wenn man dem Zoll Bescheid gibt.

So kann jeder, der einen Einkochtopf zu bedienen weiß, sich als Brauer versuchen. Brauen ist auch keine körperlich übermäßig anstrengende Arbeit. Viel Zeit geht beim Warten drauf. Währenddessen kann man viele kluge Gedanken denken, dann probieren, noch mehr kluge Gedanken denken, noch mal probieren, vielleicht nicht mehr ganz so kluge Gedanken denken – und immer so weiter, bis aus dem Sud Bier geworden ist.

Wenn das Ergebnis dann über den Freundeskreis hinaus Liebhaber findet, könnte der junge Brauer Schritte in Richtung Kommerzialisierung unternehmen. Der einschlägige Handel, aber auch Supermärkte könnten erste Abnehmer sein – da Edeka-Märkte den engsten regionalen Bezug haben, gelten sie oft als Einfallstore. Aber auch landesweite Ketten wie Rewe haben sich inzwischen dem Craft Beer geöffnet, in die Regale des Berliner Nobelkaufhauses KaDeWe schaffen es, wie Thorsten Schoppe, allerdings nur wenige.

Brauen ist im Kern ein Handwerk. Egal, ob man es in der heimischen Küche, in einer über-schaubaren Brauerei (wie im Bild) oder in einer gigantischen Industrieanlage betreibt.

In der Craft-Beer-Bewegung vereinen sich zwei Zeitgeistphäno-mene. Zum einen der Geist von Start-up-Unternehmen und zum anderen die bewussten Lebens- und Ernährungsweisen, die sich besonders wohl im Umfeld von Biomärkten fühlen.

Bier bleibt immer noch Bier, das kann man schwerlich zu einem Hightechprodukt umdichten, weshalb es eben auch viel weni-ger von dem Investorensprech und Marketinggedöns gibt. Zwar kommt es immer wieder mal vor, dass Craft-Beer-Brauereien von Konzernen geschluckt werden und die ursprünglichen Besitzer sich mit einem Riesenscheck zur Ruhe setzen können, aber in der Regel bewegt sich die deutsche Szene nicht in Dimensionen, die bei Branchenriesen Begehrlichkeiten wecken.

Von den Ernährungsfanatikern unterscheidet die Craft-Beer-Brauer die Militanz. Zwar gibt es eine gewisse betonte Distanz zu den etablieren Brauern, aber die ist nicht immer bei jedem ernst gemeint. Hinzu kommt, dass sich die Welt der etablierten Brauereien gegenüber der aufstrebenden Craft-Beer-Szene aufgeschlossen zeigt. Dort bemerkt man, dass fast alle Handwerksbetriebe – seien es Bäckereien oder Fleischereien – mit rückläufigen Trends zu kämpfen haben. Nur beim Bierbrauen konnte dieser Trend gestoppt werden.

Zwar gibt es einige Craft-Beer-Brauer, die sich von der Industrie abgewandt haben, weil die seelenlosen Standards ihrer Meinung nach dem Bier zu viel Gewalt antun, aber die tummeln sich eher in kleinen unabhängigen Brauereien als in denen, die sich dezidiert Craft-Beer-Brauer nennen. Und außerdem haben die „Alten" ein gewichtiges Argument auf ihrer Seite. „Vier Millionen Hektoliter Bier in gleichbleibender Qualität zu brauen ist auch eine Kunst", heißt es dort. Vielleicht nicht von derselben Art wie die, die man braucht, um einen einzigartigen Sud zu kreieren, aber eine Kunst ist es wohl dennoch.

Individuell & innovativ

Die Einfachheit des Zugangs zum Brauwesen ermöglicht viele individuelle Karrieren. Es gibt einsame Brauer, die von Biertank zu Biertank ziehen, sich einen Dreck um Selbstdarstellung und Public Relations kümmern, sondern einfach nur dankbar sind, wenn nach all der Mühe der goldgelbe Saft endlich aus dem Hahn zischt. Daneben gibt es wieder andere Brauer, die ihr Bier als Projekt betrachten, welches geradezu generalstabsmäßig vorbereitet wird.

Felix vom Endt schrieb lange Zeit über Bier, bevor er sich mit seinem Orca Bräu selbst unter die Brauer wagte. Dass es sich dabei um mehr als eine fixe Idee handelte, erkennt man daran, dass er sich professionelle Ratgeber suchte und Mitglied bei den Deutschen Kreativbrauern wurde. Dieser Verband unter der Leitung von Andreas Seufert (Pax-Bräu) ist ein Mix aus Netzwerk und Wissensvermittlung; den Mitgliedern geht es vor allem um Anspruch und Qualität. Ulrike Genz hat sich mit ihrer Schnee-Eule, die als Ein-Frau-Betrieb begann, eine Nische erobert. Vorher war sie Architektin. Die Gründer der Berliner Berg Brauerei waren vorher Manager bei einem Internetunternehmen.

Das Klima in der Craft-Beer-Szene ist dennoch nicht immer und überall herzlich – wie der weiter vorn erwähnte Streit zwischen Ale-Mania und Ratsherren zeigt –, aber generell überrascht doch

Ein ansehnlicher Schankraum ist der Stolz einer jeden anständigen Craft-Beer-Kneipe. Und die Zahl der Zapfhähne symbolisiert die Bandbreite des Angebots.

die Kollegialität, auf die man an vielen Orten trifft. So kann es zum Beispiel gut passieren, dass man bei einer Bierverkostung nicht eine Sorte des Hauses kredenzt bekommt, sondern ein Getränk aus einem befreundeten Unternehmen.

Während diese Zeilen geschrieben werden, erschüttert eine Meldung die weltweite Craft-Beer-Gemeinde. Der globale Koloss Anheuser-Busch InBev erwarb Anteile an der Website *RateBeer*, der bis dato eine Unfehlbarkeit im Urteil unterstellt wurde, wie man sie bislang nur in päpstlichen Kreisen vermutete. Nun fürchten Craft-Beer-Fans weltweit um die Unabhängigkeit der Seite, erste Brauereien haben ihre Biere schon zurückgezogen. Man wird sehen, wie sich das Ganze entwickelt.

In den Jahren um die Jahrtausendwende gab es in der Werbewelt zwei große Themen. Zum einen setzte man große Summen ein, um aus Frauen Biertrinkerinnen zu machen. Zum anderen versuchte man, Männer für Kosmetikprodukte zu begeistern. Für das zweite Problem hat man eine Lösung in Gestalt des Trainers der Fußballnationalmannschaft gefunden. Für das erste könnte Craft Beer eine Lösung sein.

Es ist auffällig, wie viele Frauen sich in der Bierszene bewegen. Sei es als Gründerinnen oder Braumeisterinnen, und auch in der Craft-Beer-Medienwelt sind sie unübersehbar. Welche Bedeutung sie haben, erkennt man unter anderem daran, dass die üblichen Beteuerungen, man würde den Job als starke Frau machen, aber man müsse doppelt so hart arbeiten wie die Männer, hier nicht zu hören sind. Der Job wird einfach gemacht.

Es gibt Printmagazine, aber wie es sich für ein Zeitgeistprodukt im 21. Jahrhundert gehört, liegt die Lufthoheit der Craft-Beer-Welt im Netz. Mareike Hasenbeck war mit ihrer *Feiner Hopfen*-Seite eine der ersten Bier-Bloggerinnen im Netz. *Hopfenmädchen* Gracia Sacher hält im Westen der Republik die Stellung, und Nina Anika Klotz hat mit *Hopfenhelden* so etwas wie das Leitmedium der Craft-Beer-Szene geschaffen.

In Anlehnung an Baby Schimmerlos könnte man hier sagen: „In ist, wer drin ist." Wer mit einem Firmenporträt im Craft-Beer-Magazin *Hopfenhelden* vorgestellt wurde, kann definitiv sagen, dass er dazugehört. Nina Anika Klotz kam im Zuge einer Recherche bei einer Craft-Beer-Verkostung auf das Thema, hatte schnell Blut geleckt, bemerkte aber, dass sie mit ihrem Interesse ihrer Zeit voraus war. Für viele Zeitschriftenredaktionen kam das Thema noch zu früh. Also wurde sie im eigenen Auftrag tätig. Und obwohl *Hopfenhelden* in manchen Momenten geradezu enzyklopädisch wirkt, hat sie immer noch eine offene Liste von vielleicht drei Dutzend Kandidaten, die auf ihre Würdigung warten.

Typisch für *Hopfenhelden* sind die Darstellung der Szene und die Wissensvermittlung. Bierproben im eigentlichen Sinne gibt es auf der Seite nicht. Da findet man auf den weiter vorn erwähnten Blogs mehr.

Aufbruch in eine neue Welt?

In der Kneipe meines Vertrauens gibt es auch *Pale Ale*, trotzdem heben nicht wenige Stammgäste fragend die Augenbrauen, wenn die Rede auf Craft Beer kommt. Und in Supermärkten, selbst bei denen, die Craft-Biere führen, kann es passieren, dass die Verkäuferin einen zum Malzbier-Regal führt. Schnelle Schlussfolgerung: Craft Beer ist ein Hipster-Ding, wer älter ist, weiß vielleicht noch mit Mühe, wie man es schreibt, aber nicht, wie man es trinkt.

Doch der Kreis der Craft-Beer-Trinker ist viel größer. Es gibt Wein- und Whiskytrinker, die sich für das Phänomen interessieren, und außerdem zeigt nun auch die gehobene Gastronomie Interesse an Craft-Beer-Sorten, was tatsächlich ein völlig neues Publikum erschließen könnte. Grundsätzlich kann man sagen, dass sich die Art des Biertrinkens durch das Craft Beer ändern kann. Es wird mehr probiert und gewechselt, das Ganze kriegt eine mehr genießerische Komponente.

Viele berichten von ihrem ersten Craft Beer – so gut wie immer ein *India Pale Ale* – wie von einer Damaskus-Erfahrung, die ihnen die Augen öffnete und sie die Welt in einem neuen Licht sehen ließ. Und wenn man beim ersten Craft-Beer-Versuch tatsächlich an ein gutes *IPA* gerät, kann man dieses Aha-Erlebnis durchaus verstehen.

Kräftige Farben, beinahe wattiger Schaum, dazu ein Geschmack von ungewohnter Frische. Craft Beer ist Bier, ohne Frage, aber dabei von einer Leichtigkeit, die auch damit zu tun hat, dass das Gebräu keinen Ballast aus der Vergangenheit mit sich herumschleppt. Es stellen sich keine Assoziationen zu Sätzen ein wie „Trude, machst du mir noch eins? Meine Frau versteht mich immer noch nicht" und auch kein „Olé-olé-olé-olé" oder was es sonst noch an Spontangesängen so gibt. Bei Craft Beer denkt kaum jemand an eine Geißel der Menschheit, wenige sehen in ihm das kleinere Übel, aber immer mehr halten dieses Bier für ein erfrischendes und bereicherndes Kulturgut.

BIERSORTEN

Auch bei Bieretiketten gilt:
Achten Sie auf das Kleingedruckte.
Was Ihnen dort unter die Augen
kommen kann, wird hier erklärt.

Biersorten

Von angelsächsischen Biersorten kommend, haben sich die Craft-Beer-Brauer nach und nach einheimische Sorten vorgenommen. Ein Ende der Entwicklung ist nicht abzusehen. Deshalb folgt hier ein kurzer Überblick über verschiedene einheimische und exotische Biersorten – von Ale bis Zwickel –, die dem potenziellen Craft-Beer-Freund über den Weg laufen könnten. Dazu werden noch einige verwandte Begriffe erläutert. Die Worterklärungen sollen helfen, sich schnell einen Überblick verschaffen zu können, sie erheben keinesfalls den Anspruch, hochwissenschaftliche exakte Definitionen zu sein.

Ale

Ale ist ein Sammelbegriff, der in der angelsächsischen Welt so großzügig verwendet wird, dass man an seiner Sinnhaftigkeit stellenweise zweifeln kann. Hinzu kommt, dass Amerikaner und Engländer nicht immer dasselbe meinen, wenn sie vom *Ale* sprechen, aber das soll uns jetzt nicht interessieren.

Ursprünglich bezeichnete das Wort *Ale* alle auf den Britischen Inseln gebrauten Biere, heute kann man sich zumindest darauf verständigen, dass obergärige Biere gemeint sind, denen es vielleicht an manchem mangelt, jedoch in keinem Fall an Hopfen. Weshalb in manchen Gegenden und Kreisen *Ale* und *Bitter* auch synonym verwandt werden.

In Sachen Hopfen waren die Briten Nachzügler, was das Malz betraf, wurden sie zu Zeiten der industriellen Revolution Vorreiter. So wurde aus dunklem *Brown Ale* bald das bleichere *Pale Ale*, und von da war der Weg zum *India Pale Ale*, der wohl berühmtesten Craft-Beer-Sorte, nicht mehr weit.

Angeblich wurde dieses Getränk aus der Not geboren. Die britische Krone wollte wohl verhindern, dass sich die Matrosen und Soldaten in den Kolonien mit selbst vergorenem Palmensaft zu Tode saufen (wer die *Meuterei auf der Bounty* kennt, wird sich an Vorfälle, die in diese Richtung gehen, erinnern), weshalb ihnen ein starkes *Pale Ale* schmackhaft gemacht werden sollte. Um die lange Reise nach Indien zu überstehen, wurde dieses *Ale* heftigst mit Hopfen gedopt – und voilà: Das *India Pale Ale* war geboren.

Alt

Das Alt ist ein obergäriges Bier, meist bräunlich oder kupferfarben, welches aus Viertellitergläsern getrunken wird.

Wenn Sie ein neutrales, leidenschaftsloses, unvoreingenommenes Urteil über das Alt hören wollen, fragen Sie am besten (k)einen Kölner.

Berliner Weiße

Die Berliner Weiße ist ein obergäriges Bier mit wenig Alkohol, welches pur höchstens aus Versehen getrunken wird. Klassische Berliner-Weiße-Gläser haben im Boden eine Ausbuchtung, in die ein Schnapsglas voll Himbeer- oder Waldmeistersirup gegossen wird – und solchermaßen gemixt ist die Berliner Weiße dann genießbar. Das rote bzw. grüne Getränk macht sich im Sommer gut auf Gartentischen und in Ausflugslokalen. Ursprünglich galt die Berliner Weiße als ein Getränk vor allem für große und kleine Kinder, doch in den letzten Jahren wurde sie zu einer veritablen, landesweit verbreiteten Bierspezialität.

Bockbier

Bockbier gibt es obergärig (Weizenbock) und untergärig (Doppel-bock), beide Varianten gehören in die Gruppe der Starkbiere. Der Name hat jedoch nichts mit der Wirkung des Bieres zu tun. Das Original-Bockbier kam aus dem niedersächsischen Einbeck nach Bayern, wo der Name zu „Einbock" umgemodelt wurde.

Hell

Ein Helles ist ein typisch bayerisches Bier. Untergärig gebraut, mit einem leicht malzigen Geschmack, der sich auch länger hält als bei obergärigen Bieren. Die Kunst, das Malz heller zu rösten (siehe *Pale Ale*) sollen sich bayerische Brauer im 19. Jahrhundert auf einer Dienstreise nach England abgeguckt haben.

Hopfen

Der Hopfen gibt dem Bier den Geschmack und verlängert die Haltbarkeit. Es gibt in Deutschland drei große Hopfenanbau-gebiete, die in Mittel- und Süddeutschland liegen. Von ihnen ist die Hallertau in Bayern das größte – und das sogar weltweit.

Kölsch

Das Kölsch ist ein obergäriges helles Bier, welches typischerweise aus 0,2-Liter-Stangen getrunken wird. Wenn Sie ein neutrales, leidenschaftsloses, unvoreingenommenes Urteil über das Kölsch hören wollen, fragen Sie am besten (k)einen Düsseldorfer.

Lager

Wieder eine Bezeichnung aus dem angelsächsischen Raum, wes-wegen man hier keine hundertprozentige Präzision erwarten darf.

In Köln sind aller guten Dinge drei: Kölsch, Kranz, Köbes (lies: Kellner, nicht im Bild).

Ursprünglich wurde die Bezeichnung *Lager* für das untergärige helle Bier aus vorwiegend bayerischen Landen verwendet, das im 19. Jahrhundert mehr und mehr in der englischsprachigen Welt Verbreitung fand und eben auch deshalb auffiel, weil es sich gut und lange lagern ließ.

In dem Maße, wie das Pilsner das Helle verdrängte, wurde der Begriff *Lager* zunehmend für diese Sorte verwandt. Grob gesagt gilt der Gegensatz *Ale* (obergärig) und *Lager* (untergärig) noch heute, aber alles andere steht im Kleingedruckten oder auf dem Etikett.

Malz

Das Malz zum Brauen kam lange Zeit ausschließlich und heute noch überwiegend von der Gerste. Wie beim Hopfen, gibt es unterschiedliche Malzsorten, die neben der Röstmethode Einfluss auf die Farbe des Bieres haben. So wird beispielsweise bei Dunkelbier die Malzsorte „Münchner Typ" verwendet.

Um die Farbe eines Bieres genau bestimmen zu können, hat die European Brewery Convention eine Skala von EBC-Werten festgelegt. Jeder Farbe ist eine Zahl zugeordnet. Helle Biere bewegen sich im einstelligen Bereich, Schwarzbiere kommen bei dieser Skala auf 60 oder mehr.

Märzen

Das untergärige Märzenbier war in den Zeiten, in denen es noch keine Kühltechnik gab, so etwas wie die eiserne Bierreserve. Bevor im April die Biersaison zu Ende ging, wurde schon ab März tagelang geschuftet und das Bier in Eiskellern eingelagert, auf dass es mindestens bis zum nächsten Oktober halte.

Ober- und untergärig

Das Gegenstück der Bierwelt zur Abseitsfalle im Fußball. Wer den Unterschied zwischen ober- und untergärig erklären kann, gilt als fachkundig. Wer dabei so viele Fachbegriffe wie möglich verwendet, geht schnell als Experte durch.

Entscheidend für die Namensgebung ist die Lage der Hefe. Bei der obergärigen Methode schwimmt sie nach dem Brauen oben.

Leider war es im Rahmen der Recherche für dieses Buch nicht möglich, festzustellen, wo sich die Hefe nach einem untergärigen Brauvorgang befindet, aber das sollte sich dem Leser leicht erschließen. (Wenn nicht, einfach raten.)

Bleibt die Frage, warum es wichtig ist, die Unterschiede zu kennen. Vielleicht hilft eine Analogie aus der Welt der Technik. Obergärig brauen wäre dann mit einem Zweitaktmotor vergleichbar,

Craft Beer braucht Mut und Ideen. Manche Craft-Beer-Brauer haben sogar einen Tiger im Tank.

untergärig mit einem Viertaktmotor. Beide Maschinen führen ans Ziel, aber der Viertakter (untergärig) ist technisch etwas anspruchsvoller und hält länger.

Das untergärige Brauen funktioniert nur bei Temperaturen, die maximal zehn Grad über dem Gefrierpunkt liegen, weshalb diese Brauweise früher auf das Winterhalbjahr beschränkt war.

Pils

Das Pilsner ist das beliebteste Bier, und zumindest hierzulande werden Pils und Bier oft synonym verwendet. Mitte des 19. Jahrhunderts trat das untergärige goldgelbe Getränk mit seiner Schaumkrone von Böhmen aus einen Siegeszug um die Welt an.

Porter

Theoretisch kann der Brauer die Gerste so lange rösten, bis er – oder die Gerste – schwarz wird. Aber eben nur theoretisch, denn früher oder später würde die Gerste verbrennen. Weshalb es eben bis ins 18. Jahrhundert beim *Ale* nie dunkler als braun wurde. Doch dann kamen findige Ingenieure auf die Idee, das Getreide in einer rotierenden Trommel zu rösten. Nun eröffneten sich völlig neue, schwärzliche Horizonte und – das *Porter* war geboren.

Da es in Sachen Alkoholgehalt auch recht heftig daherkam, galt das *Porter* auch als Schwerarbeiterbier. Traditionell wird es obergärig gebraut, hierzulande versuchte und versucht man sich aber auch an untergärigen Varianten. Da diese aus britische Perspektive aus Richtung Ostsee kamen, werden sie dann *Baltic Porter* genannt.

Stammwürze

Vereinfacht gesagt: alles, was außer Wasser im Bier ist. Auf den Flaschen und Websites wird die Stammwürze meist in Prozent angegeben, was oft zu Verwechslungen mit dem Alkoholgehalt

Ein geheimnisvoller Name, ein auffallendes Design – zwei Zutaten, die beim Craft Beer fast genauso wichtig sind wie das Getränk selbst

führt. Brauereiintern muss sie aber immer in Grad Plato umgerechnet werden (nach einer Formel, mit der wir hier die Leser nicht langweilen wollen), weil danach die Biersteuer bemessen wird.

Stout

Das *Stout* baut auf dem *Porter* auf, hat aber einen cremigeren Schaum. Ursprünglich entsprach die Bezeichnung *Imperial Stout* dem, was hierzulande unter „Königlicher Hoflieferant" lief. Heutzutage meint *Imperial* hingegen, dass es sich um eine recht heftige Edition des Bieres handelt.

Vollbier

Vollbier ist fast alles, was man normalerweise unter Bier versteht: ober- und untergärige Sorten, die in der Regel zwischen drei und fünf Prozent Alkohol haben. Darüber kommt das Starkbier, darunter das Schankbier. Während Vollbiere im Bierreich mit allen Rechten versehen und respektiert sind, führen die Schankbiere eher ein Schattendasein. Aber zum Glück gibt es auch noch die Süßbiere, die in der Hierarchie noch eine Stufe weiter unten stehen.

Weizen

In so gut wie jedem hiesigen Bier wird Malz aus Gerste verwendet, auch im Weizen- oder Weißbier, nur kommt hier ein größerer Anteil – meist mindestens ein Drittel – Malz aus diesem Getreide zum Einsatz.

Weiterhin typisch für Weizenbier ist, dass es überwiegend in Flaschen und nicht in Fässern ausgeliefert wird – was für Eingeweihte den unterhaltsamen Effekt hat, dass sie beobachten können, wie sich Novizen beim Einschenken anstellen. Wer Angst hat, sich dabei zu blamieren: Es gibt auf YouTube Videos von mehr als einer Brauerei, in denen das Einschenken gut erklärt wird.

Yakima

Yakima ist eine Gegend im US-amerikanischen Bundesstaat Washington, welche das größte Hopfenanbaugebiet des Landes beherbergt. Was die Ausdehnung betrifft, liegt Yakima nur knapp unter der Hallertau. Yakima ist der Hopfenlieferant für viele, viele amerikanische und mittlerweile auch deutsche Craft-Biere.

Zwickel

Das Zwickel- oder auch Kellerbier ist der Duty-free-Shop für den Brauer und für Bierfreunde. Es ist meist trüb und ungefiltert, doch aus Brauersicht war früher entscheidend, dass das vorab abgezwackte Zwickelbier nicht versteuert werden musste.

Im Hopfenanbaugebiet von Yakima werden Hopfenbauern, die sich bei der Ernte ausgezeichnet haben, auf Wandbildern gewürdigt.

MARKEN

Es gibt so viele Craft-Beer-
Marken, dass sich so mancher
Interessent von der Vielfalt
schier überwältigt fühlt.
Diese Auswahl soll bei der
Orientierung helfen.

Zu den vorgestellten Bieren

Hier folgen 24 kurze Beschreibungen von Craft-Beer-Marken. Wer nun bezweifelt, dass 24 Biere in irgendeiner Form repräsentativ für die gesamte Craft-Beer-Szene sind, dem sei gesagt, dass er absolut recht hat. Die Vielfalt der Szene widerspiegeln können 24 Marken genauso wenig wie 240 oder gar 2400. Es geht eher darum, aufzuzeigen, was in der Craft-Beer-Welt möglich ist, welche Biersorten angetroffen werden und welche Typen sich hinter den Marken verbergen. Im Mittelpunkt steht aber in jedem Fall das Getränk.

Da India Pale Ale so etwas wie die Ursuppe der Craft-Beer-Szene ist, hätte man auch alle 24 Biere aus dieser Stilrichtung auswählen können, aber das wäre schnell monoton geworden. Nun wird mancher Craft-Beer-Aficionado zu der Erkenntnis kommen, dass eine Brauerei hier mit Bier A vorgestellt wird, während er doch Bier B aus demselben Hause viel repräsentativer und besser findet. Darüber kann er gern diskutieren, allerdings nicht mit mir.

Der Verfasser dieser Zeilen ist der festen Überzeugung, dass Geschmack zu den Dingen gehört, bei denen es pure Zeitverschwendung ist, über sie zu streiten. Denn Geschmäcker verändern sich, sind oft sogar von der Tagesform abhängig und sollten nie verallgemeinert werden. Die Leser dieses Buches fahren am besten, wenn sie die Wertungen und Einschätzungen einfach als Sprungbrett für eigene Urteile nehmen.

Es spricht wenig dagegen, diesen Abschnitt als eine virtuelle Craft-Beer-Kneipe zu sehen, die rund um die Uhr geöffnet ist und in der jede Stunde eine neue Sorte kredenzt wird. Nach der 24. Stunde kann der Genießer eine Marke eigener Wahl ausprobieren, das Buch sollte ihm bis zu diesem Zeitpunkt zumindest so viel Orientierung gegeben haben, dass er weiß, wo er suchen muss.

Ein kleines Diagramm am Ende jeder Beschreibung und ein Kreuzdiagramm auf Seite 80, das die Biere in einem Koordinatensystem von leicht bis schwer und von herb bis fruchtig bzw. süß darstellt, sollen ebenfalls bei der ersten Einordnung helfen. Aber auch hier gilt, was weiter vorn zum Geschmack gesagt wurde: Am Ende zählt das individuelle Urteil. Ich kenne Leute, die Wodka in die Kategorie „lieblicher russischer Landwein" einordnen. Es ist klar, dass man da kaum einen gemeinsamen Nenner finden würde.

Generell kann man aber sagen, dass Craft-Biere im Schnitt einen etwas höheren Alkoholgehalt haben (manchmal sogar einen deutlich höheren als die Mainstream-Biere. Darüber sollte man sich auch durch die oft heitere Geschmacksnote der Getränke nicht hinwegtäuschen lassen.

Wir haben auch kurz überlegt, technische Daten wie Alkoholgehalt und Stammwürze, wenn möglich gar in Grad Plato, einzufügen, aber schließlich haben wir davon Abstand genommen. Zwar kann man anhand dieser Daten wunderbar mit Bieren Autoquartett spielen („Mein Alkoholgehalt ist 4,8 %!" – „Meiner 5,2." – „Mist, hätte ich doch lieber die Stammwürze genommen!"), aber ansonsten ist der Unterhaltungswert gering. Wer sich über diese Daten informieren will, der findet auf den Websites der Brauereien mehr als genug Informationen.

Es gibt auch keine Preisinformationen, weil die nach Anbieter und Ort variieren, als Faustregel lässt sich aber sagen, dass Biertrinker, die bislang eher Hansa Pils oder Sternburg Export gefrönt haben, sich auf die eine oder andere Überraschung einstellen sollten.

So, nun aber genug der Vorrede – und rein ins Vergnügen!

Brło, Porter

wuchtig ✦ würzig ✦ wortgewaltig

Łassen Sie uns, liebe Łeser, in medias res gehen und die Frage beantworten, die sich bei diesem Bier als Allererstes stellt: Wie kommt ein aufstrebendes Berliner Craft-Beer-Unternehmen dazu, ausgerechnet ein Porter zu brauen? Nee, also jetzt im Ernst. Die erste Frage gilt natürlich dem Namen. Fangen wir mit dem schwierigsten Teil an. Das Ł ist kein L. Wie ich aus gut unterrichteter polnischer Quelle erfahren habe, wird dieser Laut am ehesten wie ein W ausgesprochen, und zwar etwa so wie im englischen *weather*. Weshalb also, die Älteren werden sich erinnern, Vicky Leandros eigentlich nicht nach „Lotsch" gefahren ist, sondern nach „Wotsch". Wenn wir das nun verstanden haben, können wir es auch sofort wieder vergessen, denn das durchgestrichene L ist einfach nur ein Gag, um den Namen ins Auge fallen zu lassen. Brlo hingegen hat tatsächlich eine Bedeutung, im Slawischen soll das Wort einen Sumpf, eine feuchte Stelle oder eine Pfütze bezeichnen und die Wurzel des Wortes Berlin sein. Damit die Verbraucher aussprechen können, was sie bestellen, befindet sich auf der Rückseite des Flaschenetiketts der Name auch in Lautschrift. Was sich gut für ein Trinkspiel nutzen lässt: Solange man den Namen ohne Probleme aussprechen kann, darf man ohne Sorge ein neues Glas bestellen.

Das Porter ist schon ein Hammer. Es kommt samtig und malzig daher. Die offensichtliche Sorgfalt beim Brauen zeigt sich auch im Etikett, wo den Macher(inne)n wichtig war, dass es nicht so „jungsig" rüberkommt.

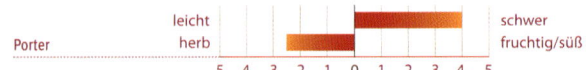

Buddelship, Great Escape

hanseatisch ✦ hopfig ✦ herzlich

Lange Zeit war das Verhältnis der englischen Inselbewohner zum Hopfen distanziert. Während auf dem Kontinent schon längst mit dieser Zutat gebraut wurde, versuchte man sich auf dem Eiland mit allen möglichen (und unmöglichen) Rezepten. In englischen Bieren, die damals beinahe alle irgendwie *Ale* hießen, wurde stattdessen *Grut* verwendet, ein Kräutermix von manchmal fragwürdiger Provenienz. (Es ist kein Zufall, dass die zwei englischen Begriffe für Bier, *Bitter* und *Ale*, auch heute noch oft synonym verwendet werden.) Doch dann kam der Aufstieg der Briten zur Welt- und Seemacht, und wie so oft, war auch dieser Erfolg von einem Fluch begleitet. Die Matrosen und Soldaten in den eroberten Kolonien wollten Bier trinken, aber das obergärige *Ale* hatte den Makel der begrenzten Haltbarkeit. Hopfen verhieß Hoffnung, und so wurde das *Pale Ale* geboren. Das Bleichgesicht war auch für die Geschmacksknospen verträglicher, als das damals noch weitverbreitete „grutige" *Brown Ale*. Das *India Pale Ale* bekam dann noch mal eine Ladung Hopfen dazu.

Das Great Escape IPA von Buddelship, eine der neueren Craft-Beer-Gründungen in Hamburg, legt in Sachen Hopfen noch eine Schippe drauf, und die Dolden stammen aus der Neuen Welt. Das Ergebnis ist ein Bier, das gut zur Hafen- und Weltstadt passt. Ein Bier mit Meerblick sozusagen. Elegant, von einer Leichtigkeit, die trügerisch sein kann wie das Meer.

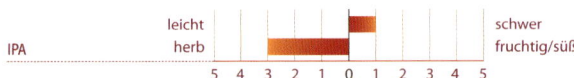

IPA

leicht — schwer
herb — fruchtig/süß

5 4 3 2 1 0 1 2 3 4 5

Camba, Love Beer
vom Chiemsee ✦ aus Übersee ✦ mit Liebee

Man kennt das aus der Automobilwelt, in der süddeutsche (bayerische) Premium-Unternehmen kleine Spezialabteilungen für hochexklusive Produkte unterhalten. Das gibt es aber auch in der Brauereiwelt, oder zumindest so ähnlich. Die Camba Bavaria entstand aus der Forschungsstätte eines Herstellers für Brauerei-anlagen. Der Name Camba verweist auf die keltische Bezeichnung für die Braupfanne, gleichzeitig ist die Brauerei so bayerisch, wie man nur sein kann. Mittlerweile hat sich das Unternehmen einen guten Namen in der Craft-Beer-Szene gemacht, sowohl durch seine Produkte als auch als Betreiber von Craft-Beer-Kneipen.

Das Love Beer ist ein Weizenbier, welches – wie es auf der Web-site heißt – in Zusammenarbeit mit Stefan Dettl entstand, dessen Unterschrift auch die Flasche ziert. Nun weiß man nicht, wie genau sich diese Zusammenarbeit gestaltete. War es nur guter Rat, Inspiration oder gar ein eigenes Rezept? Aber das alles ist am Ende nicht so wichtig, wenn nur das Bier trinkbar ist. Stefan Dettl ist der Frontmann von La Brass Banda, einer Musikformation, in der zwar auch Tuba, Posaune und Trompete zum Klingen kommen, deren Sound aber eher weniger mit der Blaskapellenmusik zu tun hat, die man in Bayern an den Wochenenden rund um die Maibäume hö-ren kann. Die Musik der Blechbläser ist durch einen stampfenden Beat geprägt – im Vergleich dazu kommt das Love Beer geradezu zurückhaltend daher, insgesamt sehr gut auch als Einstiegsdroge ge-eignet für diejenigen, die sich nicht unbedingt als Weizenbier-Fans bezeichnen würden.

Crew Republic, Drunken Sailor
frisch ✦ ungezähmt ✦ extravagant

Die Brauerei von Timm Schnigula und Mario Hanel hat eine Firmenbiografie, die auch gut zum Ende des letzten Jahrhunderts ins kalifornische Silicon Valley gepasst hätte. Man muss die legendäre Garage durch eine nicht minder legendäre Küche ersetzen. Und Personalcomputer durch Bier. Am Anfang stand eine jener in Branchenkreisen legendären „Braumeister"-Heimbrauanlagen, die es für den Ausstoß von zehn, 20 oder gar 50 Litern gibt. Am Ende eine eigene Brauerei in Unterschleißheim, die auch eröffnet werden konnte, weil ein großer Hopfenhändler als Investor einstieg. Wenn man so ein Unternehmen im Rücken hat, dann sitzt man natürlich quasi an der Quelle, und für die Crew-Republic-Craft-Biere sind originelle, bisweilen extravagante Hopfenkombinationen typisch.

Das Drunken Sailor macht da keine Ausnahme. Es scheint noch eine Spur frischer zu sein als viele andere Gebräue aus der Kategorie *India Pale Ale*. Die Brauer von Crew Republic gehörten zu den Ersten, die auch von Medien außerhalb der Craft-Beer-Szene wahrgenommen wurden, als man vor ein paar Jahren den ersten Craft-Beer-Boom verzeichnete und nach Vertretern der Szene suchte, die einen nachhaltigen Eindruck hinterlassen könnten und nach Möglichkeit auch noch ein paar Jahre aktiv bleiben. Nun haben sich die Goldgräberträume aus der Anfangszeit nicht für alle Craft-Beer-Brauer erfüllt, aber die Crew Republic gibt es noch immer, und das wird aller Voraussicht nach auch weiterhin so bleiben.

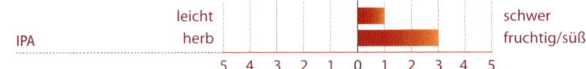

Frau Gruber, 24/7 Helles

duftig ✦ überraschend ✦ eindrücklich

Craft Beer in Dosen? Das ist immer noch ungewöhnlich, und
lange Zeit galt die Craft-Beer-Dose als Alleinstellungsmerkmal der
Berliner Stone Brewing, die darin ihr Arrogant Bastard Ale an den
Mann und die Frau bringen. Aber bei Frau Gruber will man eben
nicht nur ein ungewöhnliches Getränk kreieren, sondern schon in
der Verpackung zeigen, dass man Ungewöhnliches anzubieten hat.
Und etwas Besonderes ist Craft Beer aus der Dose ja immer noch.

Die aus dem Hause Frau Gruber enthält ein unfiltriertes Helles,
das sein Aroma nach dem Öffnen schnell und eindrücklich
verströmt. Auf jeden Fall ist es den Brauern Matthias Gruber und
Enzo Frauenschuh, die sich als Skater kennenlernten und von
dem Camba-Boss Markus Lohner Starthilfe erhielten, gelungen,
eine Duftmarke in der Craft-Beer-Landschaft zu setzen. Nicht
nur wegen der Dosen sprach sich der ungewöhnliche Name des
Brauerteams schnell herum. Wenn man in Bayern als *New Kid on
the Block* ein Bier auf den Markt bringt, kann das auch ganz schnell
schiefgehen – etwa so, als würde man in Amsterdam einen Fahrrad-
laden eröffnen. Aber das Helle hat, wie die ganze Marke, in kurzer
Zeit Freunde gefunden, die vehement und unaufgefordert für die
Biere Werbung machen.

FRAU GRUBER
CRAFT BREWING

24/7

UNFILTRIERTES
HELLES BIER

ALK
5,1 %
VOL

BIER
℮ 330 ML

Hanscraft, Backbone Splitter

süffig ✦ kompromisslos ✦ direkt

Blackbone Splitter ist ein Furcht einflößender Name. Da könnte man auch an einen Schnaps denken, den ein Vater seinem potenziellen Schwiegersohn einschenkt, um zu prüfen, wie ernst es dem jungen Mann mit seinen Absichten ist. Und wenn man dazu noch erfährt, dass der Mann hinter Hanscraft ursprünglich Zahnmediziner ist … Tatsache ist: Das Backbone Splitter ist ein *India Pale Ale*, das kompromisslos zur Sache geht, dabei aber sehr süffig ist. Auf jeden Fall hinterlässt das Getränk mit seiner Kombination aus mitteleuropäischen Malzsorten und amerikanischen Hopfenarten einen nachhaltigen Eindruck. Das Bier kam 2013 auf den Markt und sorgte dafür, dass der Name Hanscraft in der Szene bald in aller Munde war, während die ersten Kreationen noch Biere waren, die vor allem in der gehobenen Gastronomie ihren Platz finden sollten.

Christian Hans Müller ist als Brauer Autodidakt, weshalb er hier am Anfang auch das meiste Lehrgeld zahlte, während das geschäftliche Drumherum ihm leichter fiel als so manchem gelernten Braumeister. Was nicht heißt, dass das Finden und Aufbauen eines eigenen Produktionsstandorts eine einfache Sache ist. Zu den Neuigkeiten von Hanscraft gehört ein Sud, der gemeinsam mit schwedischen Kollegen entwickelt wurde. Wenn man bedenkt, dass Brauer aus Skandinavien lange Zeit in Deutschland als Entwicklungshelfer galten, zeigt die Zusammenarbeit auf Augenhöhe, welchen Weg die heimische Craft-Beer-Szene in den letzten Jahren zurückgelegt hat.

IPA — leicht / herb — schwer / fruchtig/süß — 5 4 3 2 1 0 1 2 3 4 5

HANSCRAFT & CO.

finest brewing

BACKBONE
SPLITTER

INDIA PALE ALE

09.11.17

ALC. 6.6 % VOL

Heidenpeters, Pilz

kunstvoll ✦ aber nicht artifiziell ✦ sondern herzlich

Das Pils von Heidenpeter heißt „Pilz", und so steht es auch auf der Flasche: „Heidenpeters Pilz", obwohl man als Laie denkt, dass „Heidenpeterz Pilz" sich auch ganz gut als Beschriftung machen würde. Aber bei der Gestaltung wie auch bei allem anderen wird der Künstler sich schon was gedacht haben. Denn ein Künstler ist Johannes Heidenpeter, der Gründer. Als Brauer ist er der typische Quereinsteiger. Nach dem Erweckungserlebnis – lies: dem ersten Schluck Craft Beer (wie bei vielen, vielen anderen war es ein *India Pale Ale*) – ließ ihn das neue Bier in seiner faszinierenden Fremdheit nicht mehr los. Die ersten Kreationen bastelte er als Autodidakt zusammen. Die anschließende Suche nach einem Standort für die Brauerei war nicht ganz einfach, aber dann wurde er in der Kreuzberger Markthalle an der Eisenbahnstraße fündig, wo sich nicht nur die Kessel, sondern auch der Ausschank befindet.

Ein Pils aus Craft-Beer-Händen ist stets ein kühnes Unterfangen. Ein *Ale* wirkt auf teutonische Trinkerzungen immer noch exotisch, insofern ist da der Erwartungsdruck nicht so groß. Bei einem Pils hingegen glaubt der Konsument genau zu wissen, wie das Teil schmecken muss. Eine eigene Note zu kreieren ist da nicht ganz einfach. Heidenpeter hat es geschafft.

Mittlerweile gibt es eine ganze Palette von Heidenpeter-Bieren, die zumindest in den Bars und Geschäften gut vertreten sind. Wenn diese Zeilen erscheinen, sollte ein neues Werk in einer Halbliterdose zu haben sein.

Pils | leicht / herb — schwer / fruchtig/süß | 5 4 3 2 1 0 1 2 3 4 5

Hertl & Hopfmeister, Gurken Gose

herb ✦ überraschend ✦ heiter

Wir müssen uns die Braumanufaktur Hertl als ein äußerst wage-
mutiges Unternehmen vorstellen. Wer ein Getränk herstellt, das
auf den Namen Gurken Gose hört, muss mit einigen Vorurteilen
rechnen. Nun sind zwar Gurken im Umfeld alkoholischer Getränke nicht fremd. Sie gelten als Beispeise, welche die Trinkfestigkeit
erhöht, und der Volksglaube, dass Gurkenwasser dazu gut ist, einen
Kater auszukurieren, ist wohl unausrottbar. Aber soll man deshalb
den Abend davor schon mit einem „gurkigen" Getränk beginnen?
Das andere Handicap ist die Biersorte. Die Gose ist eigentlich eine
sächsisch-niedersächsische Spezialität, die aber lange im Schatten
ihrer obergärigen Verwandten aus dem Rheinland (Alt und Kölsch)
und der Hauptstadt (Berliner Weiße) stand. Was nichts gegen
dieses Getränk per se sagt, aber eine gesunde Neugier sollte man
schon mitbringen.

   Wer sich aber auf den „alkoholhaltigen Salat" (Werbung des
Hauses) einlässt, wird für seinen Wagemut belohnt. Kaum aus der
Flasche an die Freiheit entlassen, sprudelt die Gurken Gose ver-
heißungsvoll und hinterlässt auf dem Gaumen einen angenehmen
frischen Nachgeschmack. Selbstverständlich schmeckt man hier die
Gurke heraus, aber auf eine sehr erfreuliche Art. Die Gurken Gose
ist ein ideales Bier für Sommerpartys, Grillabende oder Nachmit-
tage, von denen man nichts anderes erwartet, als dass sie so sanft
wie möglich in den Abend übergehen.

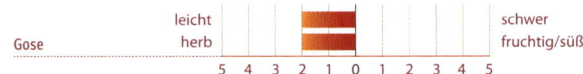

Hopfenstopfer, Dark Red Temptation
heftig ✦ hopfig ✦ stark

Mal angenommen, eine Schriftstellerin hat sich für Jahre zurückgezogen, um auf einer einsamen Insel an einer großen Romanserie zu schreiben. Ohne jeden Kontakt zur Außenwelt, weil sie sich ganz auf ihr Werk konzentrieren wollte. Und nun kommt sie zurück und erzählt allen: „Ich habe sieben Bände geschrieben. Der Held ist ein Junge. Er heißt Harald Töpfer. Er lebt bei Pflegeeltern und weiß gar nicht, dass er eigentlich ein Zauberer ist." Man kann sich ungefähr vorstellen, was für ein Gesicht die Frau macht, erführe sie, dass es einen Harry Potter schon gibt. So ähnlich – aber eben nur ähnlich – könnte sich Thomas Wachno aus Bad Rappenau gefühlt haben, als er mit einem eigenen Bier, erzeugt mit selbst angebautem Hopfen, an die Öffentlichkeit trat. Denn dass auch andere Leute so etwas machen und dass man diesen Trend gemeinhin Craft Beer nennt, das war ihm damals nicht bewusst.

Was aber nicht gegen das Produkt spricht. Während auf dem Buchmarkt geklaute Ideen zu Plagiatsprozessen führen können, ist in der Craft-Beer-Welt Platz für viele Biere, solange sie nur gut sind. Der Name ist bei „Hopfenstopfer" Programm. Hopfen stopfen – oder auch „kalt gehopft" – benennt eine Methode, das Aroma eines Bieres nachträglich aufzupimpen. Früher ging es auch darum, die Haltbarkeit zu verbessern, jetzt geht es eben vor allem um Aroma. Bis zum Aufkommen des Craft-Beer-Trends drohte diese Technik in Deutschland in Vergessenheit zu geraten. Das Dark Red Temptation ist eine Hopfenattacke, die, wie erwartet, aus allen Rohren feuert, dabei die Geschmacksknospen kitzelt und die Wogen darüber glättet.

Strong Ale

leicht / schwer
herb / fruchtig/süß

5 4 3 2 1 0 1 2 3 4 5

Hopferei Hertrich, Veto Schokobär

braun ✦ bärig ✦ schokoladig

Wenn Amerikaner an Deutschland denken, dann denken viele von ihnen an Bier. Auch an Autobahnen, aber vor allem an Bier. In der Fantasie mancher ist das Land ein riesiges Oktoberfest, voll mit schuhplattelnden Maßbiertrinkern, die ihren Dirndl tragenden Freundinnen sehnsuchtsvoll ins Dekolleté starren. Wer ein bisschen genauer mit den hiesigen Verhältnissen vertraut ist, weiß, dass diese Beobachtungen eher auf Bayern zutreffen, und auch da nur saisonal. Verblüfft wären die Amerikaner hingegen, wenn sie erführen, dass in Deutschland nicht Bayern, sondern Franken mit seinem Epizentrum Bamberg als das Herzland der Bierbrauerei gilt. Als Bierland ist Franken in der großen weiten Ferne für viele immer noch Terra incognita.

Das ist ungerecht, denn es gibt Franken, die mit jeder Faser ihres Herzens für das Bier leben. So wie in der Hopferei Hertrich, wo die Eltern, kaum waren die Kinder aus dem Haus – der eine Sohn arbeitet in einem Craft-Beer-Laden, der andere in einer bayerischen Brauerei –, sich flugs ein neues Haustier zulegten, wie es das Hopfenhelden-Craft-Beer-Magazin formulierte. Das Tierchen hört auf den Namen Veto Schokobär. Dieses Stout kombiniert diverse Hopfensorten mit ungewöhnlichen Zutaten wie Haferflocken. Laut Herstellerangaben passt es auch gut zu Eis. Das wurde hier nicht ausprobiert, aber es klingt glaubwürdig. Auf jeden Fall hinterlässt der Schokobär auf dem Gaumen einen nachhaltigen Eindruck, auch wenn er schon längst die Kehle passiert hat. Da ist jeder Widerspruch zwecklos.

Hopfmeister, Gipfelglück

sommerlich ✦ sonnig ✦ frisch

Wenn man – das kann ja auch mal vorkommen – überhaupt nichts über eine Brauerei weiß, hat das immerhin den Vorteil, dass man sich ganz auf das Bier konzentrieren kann. Und Nichtwissen stimmt ja auch nicht ganz. Die Braumanufaktur hat unter anderem bei der Gurken Gose mit der Brauerei Hertl zusammengearbeitet. Außerdem gab es schon Kollaborationen mit Thorsten Schoppe, der in Berlin zu den Trailblazern in Sachen Craft Beer gehört und auch sonst im Land Spuren hinterlassen hat (der nun bei Hopperbräu tätige Sascha Bruns ist zum Beispiel bei ihm in die Lehre gegangen).

Aber zurück zum Gipfelglück aus dem Hause Hopfmeister. Das Bier trägt den Untertitel „Exotische Weiße", und wenn man den Werbetext auf der Rückseite ins Hochdeutsche übersetzt, erfährt man hier, dass das Gipfelglück exotischer als ein Radler ist und eleganter als ein Russ. Was nun ehrlich gesagt auch nicht so schwer ist – Radler dürfte bekannt sein, ein Russ ist ein Mix aus Weißbier und Limo.

Das Gipfelglück ist ein Bier, das man überall genießen kann, aber nach Möglichkeit nicht in geschlossenen Räumen trinken sollte, denn es ist ein gutes Freizeit- und Freiluftbier. Aromen wie Maracuja, Banane und auch Vanille können ja skeptisch stimmen – es gibt nicht wenige Fälle, in denen Fruchtaromen heftig in die Hose gehen –, aber es ist alles zur Freude des Genießers überzeugend gelöst.

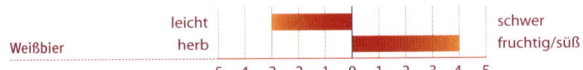

	leicht	schwer
Weißbier	herb	fruchtig/süß
	5 4 3 2 1 0 1 2 3 4 5	

Hopperbräu, Nussferatu Brown Ale
keine ✦ harte ✦ Nuss

Die Brauerei Hopperbräu kombiniert zwei Personengruppen, die in der Craft-Beer-Welt weitverbreitet sind: einerseits Leute der Wirtschaft, die nach einem neuen Geschäftsfeld suchen, andererseits junge Brauer, denen ein selbstbestimmtes Leben und Selbstverwirklichung wichtiger sind als eine steile Karriere. Hinter dem Unternehmen steht ein ehemaliger Reemtsma-Manager, zum Brauteam gehört Sascha Bruns, der ursprünglich die amerikanische Westküste brauend erkunden wollte, aber dann reizte doch die Aufgabe in der Heimat. Die Braukessel des Hopperbräu stehen in Bargfeld, einem Teil Hamburgs, der in gewissen Gegenden (lies: Alster & Umfeld) eher mit „Da wohnt man nicht" umschrieben wird. Das Hopper braut in Bargfeld aber nicht nur, sondern veranstaltet dort auch Bierverkostungen und -feste und trägt so zu einer gehobenen Lebensqualität im Umfeld der Brauerei bei.

Biere von Hopperbräu haben – das ist in der Craft-Beer-Szene nicht selten – einen originellen Namen. So gibt es neben dem Nussferatu ein Salonsozialist und ein Prollbock. Die etablierten Biere werden auch durch eine Zeichnung auf dem Braukessel gewürdigt, die dem auf dem Flaschenetikett entspricht. So weit ist es beim Nussferatu noch nicht, aber das wird sicher bald kommen.

Das Nussferatu ist ein *Brown Ale*, das heißt, es erkundet die *Ale*-Materie noch zwei Schritte weiter als das beliebte *India*, vor dem das *Pale Ale* kam, und davor eben das braune *(brown)*. Bei dem Namen nicht überraschend, hat das Nussferatu ein nussiges Aroma. Es schmeckt angenehm mild.

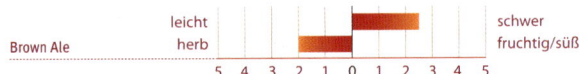

Brown Ale	leicht / herb						schwer / fruchtig/süß
	5 4 3 2 1 0 1 2 3 4 5						

Kraftbierwerkstatt, Sud No. 1

was Eigenes ✦ was Besonderes ✦ immer was anderes

Manche Geschichten klingen so schön erfunden, die müssen einfach wahr sein. Aber der Reihe nach: Es ist schon ein paar Jahre her, da reiste ein schwäbischer Medienmensch aus beruflichen Gründen nach Hawaii, wo es, wie jeder, der das deutsche Kneipenliedgut auch nur flüchtig kennt, weiß, kein Bier gibt. Oliver Koblenzer jedoch trinkt eines, natürlich ein *India Pale Ale*, und er hat sein gerstensaftiges Damaskus-Erlebnis. Vorher in Sachen Bier eher leidenschaftslos, lässt ihn die in der Neuen Welt entdeckte neue Bierwelt nicht mehr los. Da es aber in der Heimat so ein Bier noch nicht gibt, beschließt er, es selbst zu brauen. Die Anfänge sind sehr hobbymäßig, so erhält er zum Beispiel Hopfensendungen von Freunden aus Amerika, die anfänglich in eher homöopathischen Dosen ihren Weg über den Großen Teich finden.

Bei einer Weihnachtsfeier wird das erste selbst kreierte Bier kredenzt und kommt gut an. Dieses und ähnliche Erfolgserlebnisse machen Mut zur Professionalisierung. Nun gibt es in der Craft-Beer-Welt die Tradition des *gipsy brewing*, die man, allen politisch korrekten Sprachverbesserungen zum Trotz, immer noch am besten mit „Zigeunerbrauen" übersetzt. Reisende Brauer besuchen Brauereien, erzeugen dort ihren eigenen Sud und ziehen weiter. Manche gestandene Brauer richten solche Braustätten mit Absicht ein, damit sich hier reisende und wandernde Brauer ausprobieren können. Und so kam dann auch der Sud No. 1 in die Welt, der im wahrsten Sinne des Wortes einzigartig ist. Denn jeder Sud ist anders. So kann man immer wieder neue Entdeckungen machen.

Eigenkreation	leicht										schwer
	herb										fruchtig/süß
	5	4	3	2	1	0	1	2	3	4	5

Labieratorium, Schwarze Pumpe
bodenständig ✦ mild, nicht wild ✦ überraschend

Zumindest was die Menge betrifft, ist es unbestreitbar, dass die wichtigste Zutat in einem Bier das Wasser ist. Die weitreichende Beliebtheit der bayerischen Biere hängt zu einem großen Teil an der Braukunst, der Tradition und dem Know-how, aber die dortigen Lehm- und Lößböden haben eben auch den Vorteil, dass sie das Wasser feiner filtern und am Ende weicher machen. Und das weiche Wasser, das wussten zum Ende des letzten Jahrhunderts nicht nur die Freunde von Protestsongs, bricht den Stein, aber auch das Herz des Biertrinkers. Die Böden im Brandenburgischen sind hingegen über weite Strecken aus Sand, der als Filter auch vollkommen seinen Zweck erfüllt, am Ende aber doch eine preußische Herbheit spüren lässt. Und dass in vielen Gegenden die Erde in Tagebauen – einer der größten hörte auf den Namen Schwarze Pumpe – auf der Suche nach Braunkohle aufgewühlt wurde, gehört eben auch zu der Geschichte dieses Erdreichs.

Die Tage der Braunkohle gehen zu Ende, die Natur wird sich erholen können, und der Name Schwarze Pumpe kann für andere Zwecke verwendet werden, zum Beispiel für ein *Porter* aus dem Hause Labieratorium. Die Cottbuser Brauer wirken nicht gerade an einem der Craft-Beer-Hotspots, aber ihre Produkte haben den Weg in die Hauptstadt und in andere Regionen gefunden, was zeigt, dass sie das Wasser in begehrte Getränke verwandeln können. Ihr *Porter* hat den typischen Punch, wenn der Schluck den Gaumen passiert hat, gibt es noch einen geschmacklichen Nachhall, so als wolle das Bier deutlich signalisieren, dass es nun definitiv zu Hause angekommen ist.

Lemke, Bohemian Pilsner

souverän ✦ klassisch ✦ gut

Das Brauhaus Lemke trägt den Slogan „Die älteste Craft-Beer-Brauerei Berlins". 1999 wird als Gründungsjahr angegeben, also noch im letzten Jahrhundert, als hierzulande noch wenige von Craft Beer etwas wissen wollten. Wenn man im Brauhaus nachfragt, erfährt man, dass ehrlich gesagt keiner so genau weiß, wer die älteste Berliner Craft-Beer-Brauerei wirklich ist. Hauptsache, man macht gutes Bier. Das klingt erst mal sympathisch und die Geschichte der Lemke-Brauerei darüber hinaus äußerst lehrreich und interessant. Die Anfänge um die Jahrhundertwende waren in der Tat Pionierleistungen in Sachen Craft Beer, nur die Zeiten waren noch nicht reif dafür. Um zu überleben, ging das Brauhaus – zu dem auch von Anfang an ein Ausschank gehörte – einen Schritt zurück. Man lieferte, was das Publikum damals noch von einer klassischen Berliner Kneipe erwartete. Und man hatte damit Erfolg. Nach und nach expandierte das Brauhaus, übernahm alte eingeführte Adressen, sicherte sich so Produktionskapazitäten und feste Standbeine. So konsolidiert, konnte man sich auch wieder den Craft-Bieren zuwenden.

Bei Lemke gibt es die ganze Palette, aber eben auch klassische Biere wie das Bohemian Pilsner, was schon eine Herausforderung ist, weil man sich nicht hinter einer Exotik verstecken kann, sondern die Trinker genau wissen, was sie erwarten. Und das Lemke Bohemian Pilsner überzeugt. Dieser Tage soll auch eine echte Berliner Weiße auf den Markt kommen. Da wird es vermutlich nicht anders sein.

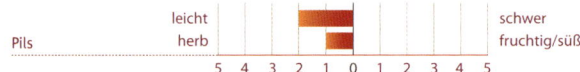

Pils · leicht/herb · schwer/fruchtig/süß · 5 4 3 2 1 0 1 2 3 4 5

Maisel & Friends, Jeff's Bavarian Ale

eigenwillig ✦ unverwechselbar ✦ starker Auftritt

Über das Verhältnis von Craft-Beer-Brauern und den Vertretern des Old-School-Brauwesens wurde schon viel geschrieben, auch in diesem Buch. Der Sichtweisen gibt es viele. Es mag manchen geben, der tatsächlich einen Kontrast zwischen den beiden Gefilden sieht, manch anderer gefällt sich vielleicht auch nur in der Rebellenrolle, und wieder andere versuchen schon seit Jahren, zwischen beiden Welten Brücken zu bauen.

Zu ihnen gehört Jeff Maisel von der gleichnamigen Brauerei. Als Kind einer deutsch-amerikanischen Familie, der sowohl das Vater- als auch das Mutterland aus vielen Aufenthalten kennt, war er geradezu prädestiniert dafür, eine Verbindung zwischen den Braustilen der Alten und der Neuen Welt herzustellen.

Das Craft-Beer-Phänomen war ihm schon früh bei Amerika-Aufenthalten aufgefallen. Die Edition Maisel & Friends ist eine Edelbier-Reihe, sehr „craftig", aber eben auch sehr bayerisch.

Jeff's Bavarian Ale ist ein *Signature*-Bier, bei dem der Schöpfer für das Werk mit seinem Namen einsteht (Musikfans werden das von Gitarrenherstellern kennen, wo es von der Fender Stratocaster *Signature*-Editionen u. a. von Eric Clapton und Ritchie Blackmore gibt). Da Jeff Maisel auch ein Weinkenner ist, hat er sich bei seinem Bavarian Ale um eine spezielle Cassis-Note bemüht, die dank neuseeländischer Hopfensorten auch recht beeindruckend rüberkommt. Die 0,75-Liter-Flasche tut ein Übriges und rundet den Auftritt ab.

| Eigenkreation | leicht | schwer |
| | herb | fruchtig/süß |

5 4 3 2 1 0 1 2 3 4 5

Munich Brew Mafia, Smokey Double Habemus Cervesiam
kein Rauch ✦ ohne Feuer ✦ verführerisch

Geschichten von Barkeepern, die zu ihren besten Kunden wurden, gibt es jede Menge. Es gibt aber auch Barkeeper, die zu ihren besten Lieferanten mutierten, und zu ihnen gehören Dario Stieren und Niklas Zerhoch von der Munich Brew Mafia. Nun steht ihr Tresen nicht einfach irgendwo, sondern im Tap House in München, wo man mit der Camba Bavaria verbandelt ist, die selbst wiederum zu den besten bayerischen Craft-Beer-Adressen gehört. Das ist also schon mal ein guter Start. Wenn man alle möglichen Sorten Bier für Gäste aus aller Herren Länder zapft, dann bleibt zum einen nicht aus, dass man ein gutes Bild von den Trinkgewohnheiten des Publikums erhält, und zum anderen wird bald der Wunsch geweckt, ein eigenes Gebräu an den Mann und die Frau zu bringen.

Das ist im Wesentlichen die Gründungsgeschichte der Munich Brew Mafia, zu der aber noch ein drittes Element gehört: das Wissen um die Wichtigkeit von Namen. Da sie erwiesenermaßen alles andere als Schall und Rauch sind – ich bitte um Entschuldigung für die etwas bemüht wirkende Überleitung –, stand früher oder später auch ein Rauchbier auf dem Programm. Das Habemus Cervesiam ist ein rauchiges Starkbier oder anders gesagt, ein starkes Rauchbier, das sich sehr locker und angenehm wegtrinkt. Zumindest beim Test entsteht der Eindruck, dass ein Abend mit ihm gefährlich enden kann, denn das strikt nach dem Reinheitsgebot gebraute Smokey Double ist einfach zu süffig.

Onkel Bier, Onkel Herbert

originell ✦ überraschend ✦ anders

Dass Leute, die aus der Businesswelt kommen, sich auch als Craft-Beer-Brauer versuchen wollen, ist verständlich, aber wie bei jedem Trend entwickeln sich auch hier bald Vorurteile. „BWLer mit einer Bierbraumacke" werden nicht überall unbedingt herzlich empfangen.

Das musste auch Philipp Roberts feststellen, der als Unternehmensberater tätig war, bevor er begann, sein Onkel Bier zu brauen. Nun stellt man sich Unternehmensberater in der Regel als eine Sorte Mensch vor, die sich gern sehr stromlinienförmig gibt. Zumindest diesen Vorwurf kann man Philipp Roberts nicht machen. Was seine Bierphilosophie betrifft, ist der Onkel-Brauer geradezu auf Krawall gebürstet, denn es gibt eine Sache, die er gar nicht ausstehen kann, und das ist das deutsche Reinheitsgebot.

Denn Onkel Herbert ist eine „Rhabarber Weiße", und da zu den Zutaten eben auch „konzentriertes Rhabarberpüree (drei Prozent)" gehört, ist der Verstoß gegen das Reinheitsverbot dokumentiert. So macht sich der Laie keine Vorstellung davon, welche Kämpfe wohl hinter den Kulissen ausgefochten wurden, bevor auf dem Etikett die Bezeichnung „Schankbier" auftauchte. Denn Schankbier ist – steuertechnisch und auch sonst – mitnichten dasselbe wie Bier. Dass vorne auf dem Etikett der Ausdruck „Besseres Bier" zu lesen ist, kann man durchaus als einen Fingerzeig verstehen (und damit ist nicht der Ringfinger gemeint). Von den ganzen Querelen abgesehen, ist Onkel Herbert ein ideales Sommergetränk, dabei nicht unangenehm süß.

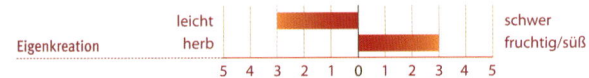

	leicht		schwer
Eigenkreation	herb		fruchtig/süß
	5 4 3 2 1	0 1 2 3 4 5	

Propeller, Aufwind
beflügelt ✦ begeistert ✦ überzeugt

Bad Laasphe ist eine Kleinstadt in Nordrhein-Westfalen, im Regierungsbezirk Arnsberg, und man tut ihr wahrscheinlich nicht bitterlich Unrecht, wenn man sagt, dass diese Stadt vermutlich nicht jeder Biertrinker in Deutschland auf dem Schirm hat. Selbiges gilt wohl auch für die Brauerei Bosch, die zwar auf eine lange Geschichte und ein hohes Ansehen in der Region verweisen kann, aber was die weitere Ausstrahlung betrifft: siehe den Anfang dieses Abschnitts.

Das Propeller-Bier hingegen, welches bei Bosch gebraut wird, wird mittlerweile auch ins Ausland geliefert. Selbst in den Regalen von Supermarktketten fern der Heimat hat man sich einen Platz erobert. Und womit? Mit Recht!

Das Propeller Aufwind ist ein *Double India Pale* und hat eine eigene unverwechselbare Note, die belebend wirkt. Hans-Christian Bosch, der Geschäftsführer der Brauerei, stellte sich in einem Interview als vehementer Verfechter der Bierhefe dar, die vielfach unterschätzt wird, weil viele nur zu gern von Hopfen reden. Möglicherweise ist die sorgfältige Hefewahl das Geheimnis des Propeller-Bieres. Auf jeden Fall kommt das Ganze mit einer tänzelnden Leichtigkeit daher, von der man sich allerdings nicht täuschen lassen sollte. Sechseinhalb Umdrehungen bleiben am Ende des Tages 6,5 % Alkohol. Somit zeigt sich auch hier, was für die meisten *Pale Ales* gilt: Der Auftritt ist bescheiden, aber die Wirkung ist nicht zu unterschätzen.

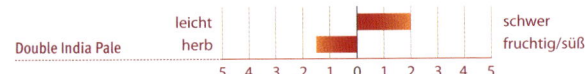

| Double India Pale | leicht herb | | | | | | | | schwer fruchtig/süß |

Ratsherren Moby Wit

exotisch ✦ ungewöhnlich ✦ eigensinnig

Es gibt in Hamburg jede Menge Craft-Beer-Brauereien. Manchmal hat man den Eindruck, jeden Tag entsteht eine neue. Aber einer muss ja der Vorreiter sein, und das ist allem Anschein nach die Ratsherren-Brauerei. Im Theater gilt die Regel, den König müssen die anderen spielen. Und in Hamburg funktioniert das wunderbar. Egal, mit wem man sich über die Craft-Beer-Szene unterhält, früher oder später fällt der Name Ratsherren, nebst einer großen Tat, die sie für die Szene geleistet haben: Ratsherren waren die ersten, die in die Supermarktregale kamen. Und sie sollen die Ersten gewesen sein, die Zapfhähne in der Carlsberg-dominierten City eroberten. Zu dem Bild passt, dass der mediale Auftritt im Netz (und auch sonst) sehr professionell und routiniert rüberkommt.

Moby Wit ist ein *Belgian White Ale*, also ein belgisches Weißbier, wobei man vereinfacht sagen kann, dass sich die deutsche Bierbrauertradition von der belgischen in einem wesentlichen Punkt unterscheidet: In Deutschland versucht man, alles Mögliche aus dem Bier rauszuhalten, in Belgien hingegen packt man rein, was man in der Küche finden kann. Als typische Zutaten für ein belgisches Witbier gelten *Grut* (davon findet sich in Moby Wit nichts), aber auch Koriander, Orangenschale und Hefe. Diese Komponenten sind in Moby Wit sehr wohl vertreten, und das schmeckt man auch. Wer Bock auf Exotisches hat und die nötige Neugier mitbringt, ist hier sehr gut aufgehoben.

	leicht										schwer
Belgian White Ale	herb										fruchtig/süß
	5	4	3	2	1	0	1	2	3	4	5

Schönramer, Bayrisch Pale Ale

interkontinental ✦ phänomenal ✦ original

Damit die Auswahl der hier vorgestellten Biere nicht gar zu subjektiv und willkürlich wird, wurde im Vorfeld in Craft-Beer-Bars und -Läden eine Umfrage gestartet: Was findet ihr am besten? Was kommt bei euren Kunden gut an? Nun gibt es auch in jedem Lokal Lokalfavoriten, aber auffällig war schon, wie oft das Schönramer genannt wurde, und da eben vor allem als *Pale Ale*. Denn streng genommen ist die Schönramer Brauerei vieles, aber keine klassische Craft-Beer-Bude. Die Brauerei gibt es schon seit über 200 Jahren, der jährliche Ausstoß liegt bei mehreren Zehntausend Hektolitern. Nach Craft-Beer-Maßstäben ist das schon fast ein Konzern.

Aber Schönramer ist auch keine typisch bayerische Brauerei, was vor allem an Braumeister Eric Toft liegt, der aus den Vereinigten Staaten nach Deutschland kam, um hier das Brauereihandwerk zu lernen, und der sich bestimmt seinen Teil gedacht hat, als man ihm erzählte, dass es in Bayern einen Ort gibt, der auf den Namen Petting hört. Nichtsdestotrotz zog er da hin. Toft, der zu den treuesten Fans des Reinheitsgebots gehört, übernahm erst die eingeführten Sorten des Hauses, begann sie dann behutsam zu verändern und präsentierte schließlich neue Kreationen wie das Bayrisch Pale Ale, das allem Anschein nach ein Craft Beer ist, nur eben nicht dem Namen nach; weil bei den Schönramers ist Bier Bier. Und Schluss.

Das Schönramer Bayrisch Ale zeigt, dass man manchmal tatsächlich das Beste aus zwei Welten haben kann. Es präsentiert sich auf der Zunge leicht wie ein typisches Helles, um sich dann beim Gaumen mit einem gewissen Kick zu verabschieden.

Pale Ale

leicht / schwer
herb / fruchtig/süß

5 4 3 2 1 0 1 2 3 4 5

Tilmans, Das Helle

verwegen ✦ verlockend ✦ erhellend

Tilman Ludwig ist kein Braumeister. Er hat Brauwesen studiert.
Nun hat ein Studium des Brauwesens schon irgendwie mit Bier zu
tun, aber so selten wie man einen Zitronenfalter dabei beobachten
wird, wie er Zitronen faltet, so unwahrscheinlich ist es, dass ein
Student des Brauwesens direkt am Gerät tätig wird. Natürlich
gibt es Leute, die auf beiden Gebieten eine Ausbildung absolviert
haben, wie der an anderer Stelle erwähnte Thorsten Schoppe, aber
das ist eher die Ausnahme und nicht die Regel.

Presseberichten zufolge sah Tilman Ludwig während seines Stu-
diums nur ein einziges Mal eine Brauerei von innen. Und da ihm
das nicht reichte, begann er auf eigene Faust zu experimentieren.
Gemeinsam mit Freunden, die ihre kreativen Spuren unter anderem bei Ratsherren und Crew Republic hinterließen, veranstaltete
er Themenabende und stellte sich der Kritik seiner Peers.

Obwohl Tilman Ludwig als *Gipsy Brewer* keinen festen Standort
hat, wagte er sich mit seinem Hellen an eine große Herausforderung. Wenn man in der bayerischen Landeshauptstadt, direkt in
Sicht- und Rufweite des Augustinerbräus ein Helles kreiert, dann
muss man – wie der Biertrinker und Stierkampffreund Heming-
way sagte – ganz schön *Cojones* haben. Bis jetzt ist die Rechnung
für Tilman Ludwig aufgegangen. Sein Bier wird innerhalb und
außerhalb Münchens geschätzt. Welche craftigen Tricks er bei der
Herstellung verwendet, ist den meisten Konsumenten egal, solange
es nur gut schmeckt.

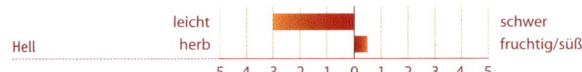

von Freude, Just Pils

pur ✦ frisch ✦ freudig

Es soll nur keiner behaupten, das Fernsehen – das öffentlich-rechtliche zumal – hätte keine Relevanz mehr. Für Natalie Warneke und Martin Schupeta zumindest war ein Beitrag im ZDF über die Methoden, mit denen die großen Bierkonzerne ihre Produktion optimieren, der Anlass, sich als Brauer zu versuchen. Das Risiko schätzten sie als gering ein. Das Schlimmste, was passieren könnte, wäre ein Scheitern, und dann würden sie eben in ihre alten Berufe zurückkehren, die zwar nicht besonders inspirierend waren, aber halfen, die sterbliche Hülle zu erhalten. Denn auch wenn die beiden als Brauer Neuland betraten, so war es doch nicht so, dass sie total grün hinter den Ohren waren. Was ihre Ernährung betrifft, hatten sie schon zuvor stets ein Auge für Qualität, getreu dem Grundsatz, den Michelle Pfeiffer im Film *Die fabelhaften Baker Boys* formuliert hat: „Wenn man sich schon was in den Mund stecken muss, dann sollte man darauf achten, dass es nur vom Feinsten ist."

Bei der Brauerei wie beim Bier galt nur eine Regel: so unkonventionell wie möglich. Das gilt für den Namen wie den Schriftzug: Das bubbelige O in „VON FREUDE" sieht ein bisschen aus wie die Tafeln, die man früher beim Sehtest für die Führerscheinprüfung ansehen musste; der hauseigene Slogan „Stoppt die Massenbierhaltung" ist witzig und könnte auch von Werbeprofis stammen. Das Just Pils hat eine fast süddeutsche Leichtigkeit, man könnte es beinahe für ein Helles halten. Es läuft gut in die Kehle und macht dort – viel Freude.

Pils   leicht herb   5 4 3 2 1 0 1 2 3 4 5   schwer fruchtig/süß

Zombräu, Insbierator

unbezwingbar ✦ unberechenbar ✦ unsterblich

Es gibt mehrere Parallelen zwischen der Computerwelt und der Bierwelt. Zum einen ist da der große Bösewicht. Eine Rolle, die in der Computerszene lange Zeit Bill Gates und Microsoft gespielt haben. Diese Rolle wird bei den Bieren von Anheuser-Busch InBev ausgefüllt, dem größten Bierkonzern der Welt.

Dann gab es in der Computerszene immer auch Rebellen und Individualisten. Steve Jobs zum Beispiel, obwohl der kein Fitzelchen weniger kommerziell war als der gute alte Bill, oder eben das für alle offene Betriebssystem Linux. Und die Rolle von Linux spielt in der Craft-Beer-Welt die schottische Brauerei Brew Dog. Die Schotten verfolgen konsequent eine Open-Source-Politik. Rezepte werden schonungslos offengelegt. Sie sind leicht im Netz zu finden und können von jedermann nachgebraut werden.

Tobias Merches von Zombräu machte 2013 ein Praktikum bei Brew Dog, und es ist anzunehmen, dass er dort einige Anregungen für das Unternehmen fand, das er gemeinsam mit seinem Bruder Bastian gegründet hat.

Der Name Zombräu leitet sich tatsächlich von Zombies ab. Es geht darum, Totgeglaubte wiederzubeleben. Nach der Philosophie des Hauses war alles Craft Beer, bevor die große Kommerzialisierung kam. Wenn man also einfach nur zu den Wurzeln zurückgeht, landen früher oder später alle im Craft-Beer-Himmel. Man muss eben nur – wie Zombräu – konsequent sein.

Das „Insbierator" ist ein klassisches Starkbier, sanft und samtig. Perfekt geeignet für lange Winterabende.

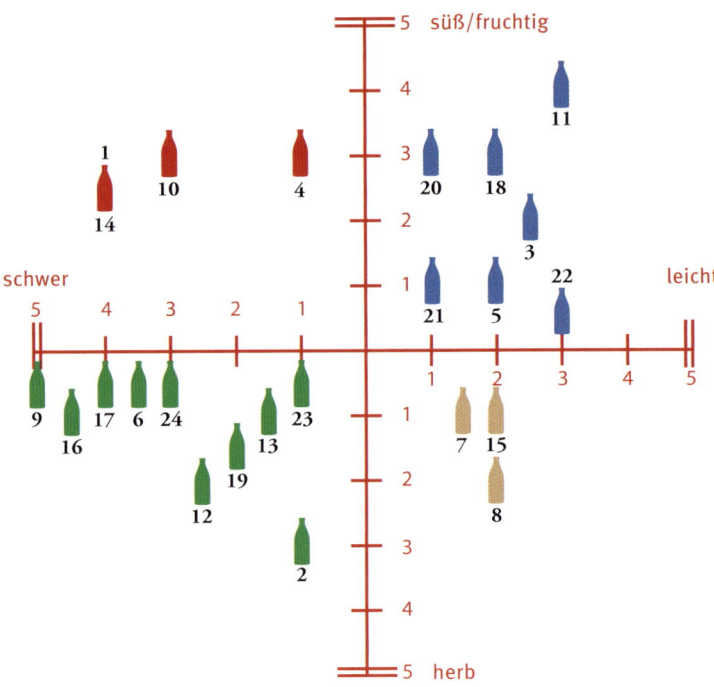

5 süß/fruchtig

4

3

2

1

schwer

leicht

5 4 3 2 1

1 2 3 4 5

1

1

2

2

3

3

4

4

5 herb

1 Brło, Porter
2 Buddelship, Great Escape
3 Camba, Love Beer
4 Crew Republic, Drunken Sailor
5 Frau Gruber, 24/7 Helles
6 Hanscraft, Backbone Splitter
7 Heidenpeters, Pilz
8 Hertl Gurken, Gose
9 Hopfenstopfer, Dark Red Temptation
10 Hopferei Hertrich, Veto Schokobär
11 Hopfmeister, Gipfelglück
12 Hopperbräu, Nussferatu Brown Ale
13 Kraftbierwerkstatt, Sud No. 1

14 Labieratorium, Schwarze Pumpe
15 Lemke, Bohemian Pilsner
16 Maisel & Friends, Jeffs Bavarian Ale
17 Munich Brew Mafia, Smokey Double Habemus Cervesiam
18 Onkel Bier, Onkel Herbert
19 Propeller, Aufwind
20 Ratsherren, Moby Wit
21 Schönramer, Bayrisch Pale Ale
22 Tilmans, Das Helle
23 von Freude, Just Pils
24 Zombräu, Insbierator

BIER IM WANDEL DER ZEIT

Niemand weiß, ob Bier dem Zufall,
der Langeweile oder dem Forscher-
drang zu verdanken ist – fest steht nur
eines: Gerstensaft ist sehr, sehr alt.
Der Mensch lebt mit dem Bier, seitdem
er sesshaft ist.

Bier im Wandel der Zeit

ca. 14 000 – 11 000 v. Chr.

Die Menschheit braut das erste Bier. Forscher sind sich heute nicht sicher, ob es sich bei den ersten Gerstensäften nicht einfach nur um unsachgemäß gelagertes Brotgetreide handelt, aber sei es, wie es sei, die Rede vom Bier als „flüssigem Brot" muss schon recht früh entstanden sein.

ca. 10 000 v. Chr.

Die ersten Menschen werden sesshaft. Nicht wenige Historiker glauben, das hätte auch damit zu tun gehabt, dass die Menschen ja irgendwo ihren Rausch ausschlafen mussten. (Kein Scherz.)

ca. 3000 v. Chr.

Zweitweise verwenden die Sumerer ein Drittel ihrer Getreideproduktion fürs Bierbrauen.

ca. 2000 v. Chr.

Die Ägypter sind vom Bierbrauen so begeistert, dass sie von den Brauereien sogar kleine Modelle bauen.

ca. 500 v. Chr.

Die Kelten bauen Brauereien, die sich in Sachen Mälzen und Maischen nicht hinter heutigen Anlagen verstecken müssen.

ca. 400 v. Chr.

Der Mittelmeerraum ist nun im Wesentlichen Weinland. Bemerkenswerte Ausnahme sind die Thraker (prominentester Vertreter:

Spartacus), die konsequent am Bier festhalten. Von den Griechen werden sie dafür veralbert. Was möglicherweise daran liegt, dass die Thraker Bier durch einen Strohhalm trinken.

200 v. Chr.
Gallien ist kein Weinland. Die reichen Gallier trinken Cervesia (Weizenbier), die armen einfachen Gerstensaft.

ca. 100 v. Chr.
Bei den Römern sind Biertrinker verpönt. Besonders ein gewisser Cicero macht mit abfälligen Bemerkungen auf sich aufmerksam. Die Formulierungen sind rhetorisch brillant, führen aber am Thema vorbei.

50 v. Chr.
Ein ~~dicker~~ vollschlanker Gallier mit Zöpfen fällt in einen Kessel mit Craft Beer und hat in der Folge viel Spaß. Leider geht das Rezept im Laufe der Jahrhunderte wieder verloren.

6./7. Jh. n. Chr.
Irische Mönche missionieren germanische Stämme. Dabei begegnen sie der Sitte, große Kessel mit Bier zu „opfern". Lies: gemeinsam auszutrinken. Die Mönche verdammen diese Sitte als heidnisch.

8./9. Jh.
Die Mönche denken um und beginnen in ihren Klöstern Bier zu brauen. Aus dem einst verpönten Gewerbe wird ein stolzes Handwerk.

10. Jh.

In Europa trinkt man Grutbier. Wer Bier mag, will nicht wirklich wissen, wie das schmeckt.

920

In Osteuropa beginnen die slawischen Stämme ihren Honigwein mit Hopfen zu versetzen. Dieses Beispiel wird Schule machen.

13. Jh.

Hopfenbiere verdrängen die Grutbiere. Neue Biersorten kommen auf den Markt.

1252

Bremen exportiert Rotbier nach Flandern. Der wirtschaftliche Erfolg der Hansestädte beruht zu weiten Teilen auf dem Biervertrieb.

1279

Weißbier aus Hamburg verdrängt das bremische Rotbier.

14. Jh.

In England beginnt der *Ale*-Boom.

1493

Der bayerische Herzog Georg der Reiche erlässt einen Vorläufer des Reinheitsgebots.

15. Jh.

Die Eroberer Amerikas entdecken, dass auch die Mayas Bier brauen. Es ist aus Mais und schmeckt den neuen Herren nicht.

1516

In Bayern wird das Reinheitsgebot erlassen. Ins Bier soll nichts anderes als Gerste, Hopfen und Wasser. Diese Verordnung wird in den folgenden Jahrhunderten Thema tiefer religiöser Debatten.

1517

Martin Luther schlägt seine Thesen in Wittenberg an die Kirchentür. Was die Auswirkungen für die folgenden Jahrhunderte betrifft: Siehe Reinheitsgebot.

1567

Weißbierbrauereien werden in Bayern eingeschränkt. Denn der Mensch lebt zwar nicht nur vom Brot allein, aber ohne Brot ist alles nix.

1591

Frauen, die Ahnung vom Brauen haben, werden nicht selten als Hexen denunziert. In diesem Jahr wird die letzte „Brauhexe" in Brandenburg verbrannt.

16. Jh. (davor und danach)

Die sogenannte Kleine Eiszeit sorgt dafür, dass die Hopfenanbaugebiete in Deutschland nach Süden wandern. Bayern wird zum Kernland der deutschen Bierproduktion.

1607

Bayern erlaubt das Brauen von Weizenbier. Das ist erstens ein Zeichen dafür, dass das Reinheitsgebot nicht mehr streng gesehen wird, und zweitens: Es geht wirtschaftlich aufwärts.

1612

In Nieuw Amsterdam (heute New York) beginnt die Bierproduktion der Einwanderer in der Neuen Welt.

1618–1648

Der Dreißigjährige Krieg hat auch Folgen für die Bierproduktion. Wo gehungert wird, gibt es kein Getreide zum Brauen.

1740

In England kommt das *Porter* auf den Markt. Es gilt bald als typisches Arbeitergetränk.

1752

Die East India Company exportiert *Ale* in ihre Besitzungen. Brauer George Hodgson weiß, was dort schmeckt, und bringt das *India Ale* auf den Markt.

1812

Der bayerische König Max I. bestimmt, dass in den Biergärten zum Bier nur Brot serviert werden darf.

1820

Die *Pale Ales* finden in Großbritannien Freunde, vor allem in der Upper Class. Als Bezeichnung bürgert sich *India Pale Ale* ein.

1842

In Pilsen braut ein Bayer ein Bier, das als Pilsner in den folgenden Jahrzehnten weltberühmt wird. (Nur bei den Angelsachsen, da heißt es *Lager*).

1850

Bayern trinken im Jahr 130 Liter Bier. Preußen nicht mal 20. Erst im Laufe der Jahrzehnte nähern sich die Regionen einander an.

1860

Die Preußen erfinden die Bierflasche und den Bügelverschluss.

1864

Brauerstochter Lily Anheuser heiratet Brauer Adolphus Busch. Ein Jahr später fusionieren auch ihre Unternehmen.

1875

Der bayerische Brauer Gabriel Sedlmayr revolutioniert das Brauerei-wesen. Er führt englische Techniken in Deutschland ein und bringt gleichzeitig bayerische Biere zu den Angelsachsen. Carl von Linde sorgt mit seiner Kältetechnik dafür, dass von nun an ganzjährig untergärig gebraut werden kann.

1880

In München wird die erste Bierhalle eröffnet.

1906

Ein vom deutschen Reichstag verabschiedetes Gesetz verbietet, beim Bierbrauen Gerste durch Reis zu ersetzen.

1917

Die USA treten in den Ersten Weltkrieg ein. Bier, dortzulande vor allem das Getränk der Iren und der Deutschen, gerät als Gebräu des Kriegsgegners Deutschland unter Beschuss.

1919

Die USA führen die Prohibition ein. Die Zahl der Brauereien halbiert sich, die Schwarzbrennerei boomt.

1933

Die Nazis propagieren Bier als Männergetränk; nach dem Ausbruch des Zweiten Weltkriegs wird Bier rationiert.

7. April 1933

Präsident Roosevelt hebt die Prohibition auf.

8. April 1933

Anheuser-Busch nimmt die Produktion wieder auf. Der Legende nach ging die erste Lieferung direkt ins Weiße Haus.

7. Dezember 1941

Die USA treten in den Zweiten Weltkrieg ein. In den folgenden Jahren propagieren die Brauer das „Feierabendbier" als Trost in harten Zeiten. Budweiser wird so etwas wie ein Nationalgetränk.

1950

Im Durchschnitt trinken die Deutschen jährlich 37 Liter Bier.

1960

Der Pro-Kopf-Verbrauch steigt auf 120 Liter.

1965

Der Kalifornier Fritz Maytag kauft in San Francisco die Anchor Brauerei, die als Urmutter aller Craft-Beer-Brauereien gilt.

1970er-Jahre
150 Liter pro Kopf sind der Rekord in Deutschland. Seitdem sinkt der Konsum wieder.

1978
Präsident Carter dereguliert den Biermarkt. Ab sofort darf jeder Erwachsene steuerfrei 750 Liter Bier jährlich brauen. Damit ist der rechtliche Rahmen für den Craft-Beer-Boom geschaffen.

1981
Die Brauerei Sierra Nevada bringt „Celebration" auf den Markt, ihr erstes *India Pale Ale*. Ihr erstes *Pale Ale* wurde 1980 gebraut.

1988
Die Craft-Beer-Pioniere von der Brooklyn Brewery in New York fangen an zu brauen.

2001
Die NASA lässt zum ersten Mal Bier im Weltall brauen. Wichtigste Erkenntnis: Der Alkoholgehalt des Weltall-Biers ist höher. Allein dafür haben sich all die Mühen der Weltraumforschung gelohnt.

2007
Die Brauerei Schneider bringt in Zusammenarbeit mit Garrett Oliver von der Brooklyn Brewery eine Hopfenweiße auf den Markt. Damit ist Craft Beer offiziell in Deutschland angekommen.

Heute
Craft Beer boomt.

Service

Hier finden sich einige Adressen und Tipps für Leser, die nun fest entschlossen sind, sich selbst ins Craft-Beer-Getümmel zu stürzen und eigene Erfahrungen zu machen. Für die Adressen gilt dasselbe Auswahlprinzip wie für die Craft-Beer-Marken in diesem Buch. Sie sind auf keinen Fall repräsentativ oder gar flächendeckend. Derart vollständig kann und will ein Buch von diesem bescheidenen Umfang gar nicht sein. Dennoch haben wir versucht, das ganze Land abzudecken. Die Auswahl basiert auf persönlichen Erfahrungen und Empfehlungen aus vertrauenswürdigen Quellen. Die Millionenstädte Berlin, Hamburg und München sind stärker vertreten, weil sie Craft-Beer-Hochburgen sind. In Gegenden wie dem Rheinland oder dem Ruhrgebiet gibt es hingegen eine starke lokale Konkurrenz und/oder tief verwurzelte regionale Biersorten und -gebräuche. Wer an seinem Wohnsitz Adressen sucht, kann auf Websites wie Foursquare einfach „Craft Beer" und seinen Standort eingeben, danach sollte er mit Adressen bombardiert werden. Was dort angeboten wird, lässt sich nach dem Lesen dieses Buchs leichter einordnen.

Craft-Beer-Läden

Die meisten Craft-Beer-Läden öffnen um die Mittagszeit und schließen, wenn auch die anderen Geschäfte zumachen. Bei Örtlichkeiten, die länger aufhaben, ist der Übergang in Richtung Kneipe bzw. Begegnungsstätte fließend. Craft-Beer-Läden sind eine gute Adresse, um das Bier-Know-how zu heben. Die meisten Ladenbesitzer sind engagiert bei der Sache und halten selten mit ihrer Meinung hinterm Berg.

Wenn es vor Ort mehr als einen Craft-Beer-Laden gibt, sollte man mindestens zwei Läden besuchen, denn auch die Betreiber sind nur Menschen und damit nicht frei von Vorlieben und Vorurteilen.

In Craft-Beer-Läden gehen nicht nur Leute, die Bier kaufen wollen. Auch junge Brauereigründer, die nach Abnehmern für ihre Ware suchen, sprechen hier vor. Wenn man sich als interessierter Konsument vorstellt, kann man sich auch als Testperson zur Verfügung stellen; auf alle Fälle erfährt man bei dieser Gelegenheit so einiges darüber, wie die Brauer so ticken.

Aber jetzt zu den Adressen (geordnet nach Postleitzahlen).

Hopfenkult
Görlitzer Straße 25
01099 Dresden

BierFreunde
Katharinenstraße 11
04109 Leipzig

Flaschbierschop
Fehrbelliner Straße 3
10119 Berlin

Biererei Bottle Shop
Oranienstraße 19
10999 Berlin

Beyond Beer
Weidenallee 55
20357 Hamburg

Bierland Hamburg
Seumestraße 10
22089 Hamburg

KGB Getränke Bremen
Rosenheimer Straße 10
28219 Bremen

Biersalon
Rohrteichstraße 42
33602 Bielefeld

Spritterei
Lindenstraße 219
40235 Düsseldorf

Craft Beer Kiosk
Luisenstraße 72
42103 Wuppertal

Biermuda
Rechener Straße 3
44787 Bochum

Braukunstwerk
Warendorfer Straße 44
48145 Münster

CCV Longerich
Robert-Perthel-Straße 51
50739 Köln

Upper Glass
R 6, 6
68161 Mannheim

Kraftpaule
Nikolausstraße 2
70190 Stuttgart

Harry's Getränke Ecke
Ettenhueberstraße 2
80687 München

Biervana
Hohenzollernstraße 61
80796 München

Bier Kontor
An der Mauthalle 2
90402 Nürnberg

Service

Kneipen

Aus der Perspektive der Craft-Beer-Macher ist der Tresen eine Nah-kampfzone. Große Brauereien helfen Wirten mit Zuschüssen und Werbung bei der Einrichtung, aber bestimmen so auch, was aus dem Hahn kommt. Nur Craft-Beer-Brauereien, die auf dem Markt schon ein gewisses Gewicht haben, können auch Kneipen sponsern. Typisch für eine Craft-Beer-Kneipe ist die Vielzahl an Zapfhähnen. Ein Dutzend sollte es schon sein, nach oben gibt es anscheinend keine Grenze. Daneben gibt es Lokalitäten, wo das Craft Beer zwar nicht vom Hahn kommt, aber immerhin aus Flaschen angeboten wird. (Auch hier erfolgt die Aufzählung nach Postleitzahlen geordnet.)

Zapfanstalt
Sebnitzer Straße 15
01099 Dresden-Neustadt

Muted Horn
Flughafenstraße 49
12053 Berlin

Altes Mädchen
Lagerstraße 28b
20357 Hamburg

Hannovers Wohnzimmer
Maschstraße 5
30169 Hannover

RöstBar Craft Beer & Coffee
Waageplatz 4
37073 Göttingen

Craft Bier Bar
Steinweg 34
38100 Braunschweig

Kumpel Erich
Kreuzstraße 87
44137 Dortmund

Craft Beer Corner
Martinstraße 32
50667 Köln

Bierkombinat Altstadt
An der Moselbrücke 11
56068 Koblenz

naïv
Fahrgasse 4
60311 Frankfurt am Main

Tap House
Rosenheimer Straße 108
81669 München

Boeheim Bar
Klaragasse 11
90402 Nürnberg

Weiterbildung

Bierverkostungen sind eine gute Gelegenheit, seinen Horizont zu erweitern und Gleichgesinnte kennenzulernen. Sie laufen im Prinzip so ähnlich ab wie Weinverkostungen, nur mit einem Unterschied: Die Kostprobe wird nicht wieder ausgespuckt, sondern runtergeschluckt.

Berlin Beer Academy
Claire-Waldoff-Straße 4
10117 Berlin

Die Akademie wurde von der Craft-Beer-Pionierin Sylvia Kopp gegründet, heute befindet sie sich im Besitz der Craft-Beer-Spezialisten Craft-à-Porter, die ihrerseits auch Schulungen anbieten.

Bierprobe München
Aschheimer Straße 11
85622 Feldkirchen

Das Unternehmen Getränke Hausmann führt Bierproben durch. Dabei geht es nicht ausschließlich um Craft-Biere, sondern auch um traditionelle kleine Brauereien, die nicht so oft im Scheinwerferlicht stehen.

Cervisia-Bier-Erlebnis-Shop
Gewerbepark 35
87477 Sulzberg

Ebenfalls nicht ausschließlich auf Craft Beer ausgerichtet, aber man kann eine Menge übers Bierbrauen lernen und natürlich auch probieren. Und wer dann mit dem Gedanken spielt, es selbst zu probieren und dafür Gleichgesinnte sucht, der kann ja mal bei Facebook „my dirtyhoppy" eingeben.

Service

Festivals

Craft-Beer-Festivals können eine tolle Sache sein, wenn das Wetter stimmt und Aussteller sowie Veranstaltungsort gut gewählt sind.

Manchmal jedoch ist der Wille stärker als das Können, und wie wir alle wissen, ist Kunst das Gegenteil von gut gemeint. Wenn es dann auch noch regnet und sich kaum jemand vor die Stände traut, kann eine Stimmung herrschen wie auf dem Rummel, wenn am Tag zuvor jemand aus dem Riesenrad gefallen ist und man noch nicht genau weiß, ob es wirklich ein Unfall war.

Die Websites von *Hopfenhelden* und *Craftbeer Magazin* haben Rubriken, in denen Craft-Beer-Festivals angekündigt werden, die mittlerweile fast überall wie „Pilse" aus dem Boden schießen.

Einfach gucken. Stimmt der Ort? Findet sich unter den Ausstellern ein solider Mix aus Newcomern, Stars und etablierten Profis? Dann sollte dem Vergnügen nichts mehr im Weg stehen.

Danksagung

Wenn ein Buch über Craft Beer mehr als Schaum enthält, dann liegt das auch daran, dass der Autor Leute fand, die bereit waren, mit ihm ihr Wissen zu teilen. Dafür möchte ich mich an dieser Stelle bedanken bei

Marc-Oliver Huhnholz (Brauer-Bund)
Mareike Hasenbeck (*Feiner Hopfen*)
Ulrike Genz (*Schnee-Eule*)
Nina Anika Klotz (*Hopfenhelden*)
Gracia Sacher (*Hopfenmädchen*)
Sascha Bruns (Hopperbräu)
Felix vom Endt (Orca-Brau)
Prof. Dr.-Ing. Frank-Jürgen Methner (TU Berlin – Brauwesen)
Gregor Schneider (Deutscher Braumeister- und Malzmeisterbund e. V.)

Register

Impressum

Copyright © 2017 GRÄFE UND UNZER
VERLAG GmbH, München
HALLWAG ist ein Unternehmen der
GRÄFE UND UNZER VERLAG GmbH,
München,
GANSKE VERLAGSGRUPPE
www.hallwag.de

Projektleitung: Florian Fischer
Gesamtproduktion: bookwise GmbH, München
Repro: Lana Repro, Italien
Druck: Polygraf Print, Slowakei

Bildnachweis: **akg-images** / Album / Prisma:
S. 5; akg-images: S. 7; **Berliner Berg GmbH:**
S. 15; **Florian Fischer:** S. 33–S. 79; **Fotolia:**
Syda Productions: S. 13; **mauritius images** / age
fotostock / Alfred Abad: S. 26; mauritius images /
Leon Werdinger / Alamy: S. 28; mauritius images /
Zoonar GmbH / Alamy: S. 25; **Shutterstock:**
Bjoern Wylezich: S. 23

1. Auflage 2017
ISBN: 978-3-8338-6257-1

Liebe Leserin und lieber Leser,
wir freuen uns, dass Sie sich für ein HALLWAG-
Buch entschieden haben. Mit Ihrem Kauf setzen
Sie auf die Qualität, Kompetenz und Aktualität
unserer Bücher. Dafür sagen wir danke! Ihre
Meinung ist uns wichtig, daher senden Sie uns
bitte Ihre Anregungen, Kritik oder Lob zu unse-
ren Büchern. Haben Sie Fragen oder benötigen
Sie weiteren Rat zum Thema? Wir freuen uns auf
Ihre Nachricht!

GRÄFE UND UNZER Verlag
Leserservice
Postfach 86 03 13, 81630 München

Wir sind für Sie da!
Montag–Donnerstag: 9.00–17.00 Uhr
Freitag: 9.00–16.00 Uhr
Tel.: 00800/72373333 (gebührenfrei in D, A, CH)
Fax: 00800/50120544 (gebührenfrei in D, A, CH)
E-Mail: leserservice@graefe-und-unzer.de

Ein Unternehmen der
GANSKE VERLAGSGRUPPE